沃野天府

中国式现代化的四川故事

中共四川省委党校（四川行政学院） 组织编写

许彦 主编

"中国式现代化的故事"丛书

张占斌 总主编

国家出版基金项目

中央党校出版社集团
国家行政学院出版社

图书在版编目（CIP）数据

沃野天府：中国式现代化的四川故事 / 许彦主编.
北京：国家行政学院出版社，2024.11. -- （"中国式现代化的故事"丛书 / 张占斌主编）. -- ISBN 978-7
-5150-2878-1

Ⅰ.D677.1

中国国家版本馆CIP数据核字第20241BV686号

书　　　名	沃野天府——中国式现代化的四川故事	
	WOYE TIANFU——ZHONGGUOSHI XIANDAIHUA DE SICHUAN GUSHI	
作　　　者	许　彦　主编	
统筹策划	胡　敏　刘韫劼　陈　科	
责任编辑	陈　科　陆　夏	
责任校对	许海利	
责任印刷	吴　霞	
出版发行	国家行政学院出版社	
	（北京市海淀区长春桥路6号　100089）	
综 合 办	（010）68928887	
发 行 部	（010）68928866	
经　　　销	新华书店	
印　　　刷	北京新视觉印刷有限公司	
版　　　次	2024年11月北京第1版	
印　　　次	2024年11月北京第1次印刷	
开　　　本	170毫米×240毫米　16开	
印　　　张	19	
字　　　数	265千字	
定　　　价	85.00元	

本书如有印装问题，可联系调换。联系电话：（010）68929022

课题组成员

许彦　王伟　刘媛　徐迅　侯刚　杨秋萍
朱颖秋　殷君霞　蒋敏　何勇　谭静　李佳悦
周光普　李茵绮　曾志庆　吴承枢　高玉霜　周敏
王翠　高明月　王晓青　李芳　封宇琴　杨薛
隆超　王笑妹　丁德光　蒲东恩

出版说明

党的二十大报告指出,从现在起,中国共产党的中心任务就是团结带领全国各族人民全面建成社会主义现代化强国、实现第二个百年奋斗目标,以中国式现代化全面推进中华民族伟大复兴。习近平总书记在中央党校建校 90 周年庆祝大会暨 2023 年春季学期开学典礼上的讲话中首次创造性提出"为党育才、为党献策"的党校初心。紧扣党的中心任务,践行党校初心,中央党校出版集团国家行政学院出版社和中央党校(国家行政学院)中国式现代化研究中心特别策划"中国式现代化的故事"丛书,邀请地方党校(行政学院)、宣传部门、新闻媒体、行业企业等方面共同参与策划和组织编写,从不同层次、不同维度、不同视角讲述中国式现代化的地方故事、企业故事、产业故事,生动展示各个地区、各个领域在大力拓展中国式现代化新征程上的理念创新、实践创新、制度创新、文化创新等,精彩呈现当代中国以中国式现代化全面推进中华民族伟大复兴的宏大历史叙事,以讲好中国式现代化的故事来讲好中国故事。

该丛书力求体现这样几个突出特点:

其一,文风活泼,以白描手法代入鲜活场景。本丛书区别于一般学术论著或理论读物严肃刻板的面孔,以生动鲜活的题材、清新温暖的笔触、富有现场感的表达和丰富精美的图片,将各地方、企业推进中国式现代化建设的理论思考、战略规划、重要举措、实践路径等向读者娓娓道来，使读者在沉浸式的阅读体验中获得共鸣、引发思考、受到启迪。

其二，视野开阔，以小切口反映大主题。丛书中既有历史人文风貌、经济地理特质的纵深概述，也有改革创新举措、转型升级案例的细节剖解，既讲天下事，又讲身边事，以点带面、以小见大，用故事提炼经验，以案例支撑理论，从而兼顾理论厚度、思想深度、实践力度和情感温度。

其三，层次丰富，以一域之光映衬全域风采。丛书有开风气之先的上海气度，也有立开放潮头的南粤之声；有沉稳构筑首都经济圈的京津冀足音，也有聚力谱写东北全面振兴的黑吉辽篇章；有在长江三角洲区域一体化发展中厚积薄发的安徽样板，也有在成渝地区双城经济圈中走深走实的川渝实践；有生态高颜值、发展高质量齐头并进的云南画卷，也有以"数"为笔、逐浪蓝海的贵州答卷；有"强富美高"的南京路径，也有"七个新天堂"的杭州示范……。丛书还将陆续推出各企业、各行业的现代化故事，带读者领略中国式现代化的深厚底蕴、辽阔风光和壮美前景。

"中国式现代化的故事"丛书既是各地方、企业推进中国式现代化建设充满生机活力的形象展示，也是以地方、企业发展缩影印证中国式现代化理论科学性的多维解码。希望本丛书的出版，能够为各地方、企业搭建学习交流平台，将一地一域的现代化建设融入全面建设社会主义现代化国家的大局，步伐一致奋力谱写中国式现代化的历史新篇章。

国家行政学院出版社
"中国式现代化的故事"丛书策划编辑组

总 序

党的二十大擘画了全面建成社会主义现代化强国、以中国式现代化全面推进中华民族伟大复兴的宏伟蓝图。中国式现代化是前无古人的开创性事业，是强国建设、民族复兴的康庄大道。回顾过去，中国共产党带领人民艰辛探索、铸就辉煌，用几十年时间走完西方发达国家几百年走过的工业化历程，创造了经济快速发展和社会长期稳定的两大奇迹，实践有力证明了中国式现代化走得通、行得稳；面向未来，在以习近平同志为核心的党中央坚强领导下，各地方各企业立足各自的资源禀赋、区位优势和产业基础、发展规划，精心谋划、奋勇争先，在推进中国式现代化过程中将展现出一系列生动场景，一步一个脚印地把美好蓝图变为现实形态。

中国式现代化，是中国共产党领导的社会主义现代化，既有各国现代化的共同特征，又有基于自己国情的中国特色。中国式现代化，是人口规模巨大的现代化，是全体人民共同富裕的现代化，是物质文明和精神文明相协调的现代化，是人与自然和谐共生的现代化，是走和平发展道路的现代化。这五个方面的中国特色，不仅深刻揭示了中国式现代化的科学内涵，也体现在不同地方、企业推进现代化建设可感可知可行的实际成果中。中国式现代化理论为地方、企业现代化的实践探索提供了不竭动力，地方、企业推进中国式现代化建设的成就也印证了中国式现代化道路行稳致远的时代必然。

为讲好中国式现代化的故事，更加全面、立体、直观地呈现中国式现代化的丰富内涵和万千气象，中央党校（国家行政学院）中国式现代化研究中心和中央党校出版集团国家行政学院出版社联合策划推出"中国式现代化的故事"丛书，展现各地方、企业等在着眼全国大局、立足地方实际、发挥自身优势，推进中国式现代化建设上的新突破新作为新担当，总结贯穿其中的完整准确全面贯彻新发展理念、构建新发展格局、推动高质量发展的新理念新方法新经验。我们希望该系列丛书一本一本地出下去，能够为各地更好推进中国式现代化建设以启迪和思考，为以中国式现代化全面推进中华民族伟大复兴凝聚更加巩固的思想基础，为进一步推进中国式现代化的新实践、书写中国式现代化的新篇章汇聚磅礴力量。

中央党校（国家行政学院）中国式现代化研究中心主任

2023 年 10 月

序 言

四川是我国经济大省、资源大省，是国家战略腹地核心承载区，在国家发展大局特别是实施西部大开发战略中具有独特而重要的地位。党的十八大以来，习近平总书记多次来川视察，为新时代新征程推动治蜀兴川再上新台阶指明了方向、明确了任务。四川从推动成渝地区双城经济圈建设到打造国家战略腹地核心承载区、从推进新型工业化到发展新质生产力、从城乡融合发展到筑牢生态安全屏障、从培育省域经济副中心到开展欠发达县域托底性帮扶……，在深入实施"四化同步、城乡融合、五区共兴"发展战略下，锻长板、补短板、扬优势，铺展开高质量发展的崭新画卷，开启了中国式现代化四川新篇章。

四川城市竞相发展、万千气象：成都绽放着"天府之国"的璀璨之光，绵阳崛起为"科技之城"，宜宾展示着万里长江第一城的新风采，德阳正在从"制造"迈向"智造"，眉山打开了"东坡故里"的现代化新画卷，广元从红色之城走向绿色发展的生态名城，阿坝已演变为"熊猫家园·净土阿坝"，泸州开启了"醉美泸州"的新篇章，达州实现了老工业城市的华丽转身……在中央党校（国家行政学院）中国式现代化研究中心、中央党校出版集团国家行政学院出版社的统筹安排和指导下，中共四川省委党校（四川行政学院）组织有28名教师参与的编写组开展了《沃野天府——中国式现代化的四川故事》的编写和研究工作。编写组在

沃野天府

四川 21 个市州中重点选择了 9 个城市展开了研究，其中包括习近平总书记视察过的城市、省会城市及部分特色突出城市。编写组开展了广泛深入的调查研究，获取了大量生动素材，掌握了大量典型案例，分析了大量文献数据，历时半年形成了本研究成果。本成果力求既能够生动体现四川不同城市在推进中国式现代化进程中因地制宜、创新发展的生动实践和重要成果，又能够整体全面反映四川在深入学习贯彻习近平总书记来川视察的重要指示精神、完整准确贯彻新发展理念、构建新发展格局、实现高质量发展方面开展的战略谋划和改革成效。

今日之四川，科技创新正在破冰前行，新质生产力成为四川高质量发展重要着力点，国资国企深化改革焕发出强大的发展能力，"智改数转"浪潮奔涌，新兴产业、未来产业发展迅猛，现代化产业体系正在形成；50 多个国家级综保区、高新区、经开区和 121 个省级开发区有效链接了国内国际两个市场；乡村全面振兴焕发新彩，学习运用"千万工程"经验、更多宜居宜业和美乡村留住了"乡愁"；筑牢长江黄河上游绿色生态屏障，一江清水永续东流；在不断提升的发展质量和水平中持续改善着民生，共同富裕大步向前……四川江河壮丽、动能磅礴、万众一心、前景广阔，在新时代新征程上正展现中国式现代化的万千气象。本成果虽洋洋洒洒数十万字，但也仅能反映四川城市现代化发展的某些方面；有疏漏、有遗憾，但已尽力而为。

目　录

第一章　公园城市示范区
——成都故事

一、"天府之国"：成都是一座千年城名未改、城址未迁的城市 / 2

二、"幸福之城"：超大城市成都的蜕变 / 12

三、文化名城：安逸的城市，巴适的生活 / 27

四、创新之城：跻身区域创新城市"第一梯队" / 34

第二章 西部崛起的国家科技城——绵阳故事

一、因科技而兴，因创新而盛 / 40

二、产业强市，在科技创新上的"闯"与"试" / 45

三、开放活市，积极服务和融入新发展格局 / 55

四、文化润市，家国情怀与科技精神互相滋养 / 59

第三章 "万里长江第一城"
——宜宾故事

一、建设生态优先绿色低碳发展先行区：筑牢长江上游生态屏障 / 68

二、国家历史文化名城：文化底蕴多姿多彩 / 71

三、双城建设齐发力：大学城与科创城崛起与发展 / 78

四、脱贫攻坚向乡村振兴有效衔接：乌蒙山下奏响奔康乐章 / 82

五、构建善治宜宾共同体：打通基层治理神经末梢 / 85

第四章 一座"智"造幸福的城市——德阳故事

一、重装之都的蝶变:从"制造"迈步"智造" / 92

二、内外兼修:绘就和美乡村"新画卷" / 106

三、向新而生向美而行:打造美丽宜居城市 / 118

第五章 "东坡故里"
——眉山故事

一、文旅融合：千载诗书城扬帆起航 / 128

二、产城融合：四川最年轻地级市跑出加速度 / 137

三、城乡融合：新时代眉山农村展现新气象 / 151

第六章 蜀道明珠、
生态名城——广元故事

一、浸润千年文明的蜀道明珠 / 166

二、赓续中国精神的红色中心 / 173

三、蓄力绿色低碳的生态名城 / 180

第七章　探索川西北生态文明示范区——阿坝故事

一、沧桑巨变七十年 / 190

二、现代化阿坝的今天：扛起"生态大旗" / 202

三、现代化阿坝的明天：走属于阿坝之路 / 209

四、结语 / 218

第八章　一座酿造幸福的"醉美"城市——泸州故事

一、产业转型升级，推动制造到"智造"加速演进 / 222

二、"一体两翼"齐飞，推进区域协调发展新格局 / 233

三、城市品质提升，酿造幸福的美丽酒城泸州 / 244

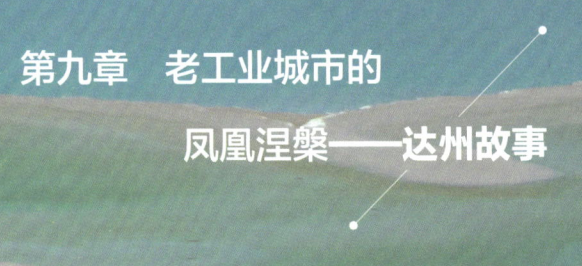

第九章 老工业城市的凤凰涅槃——达州故事

一、东北向的开放大通道 / 252

二、从"资源产出地"到"产业崛起地" / 259

三、摘掉穷帽子，踏上幸福路 / 264

四、"川"越时空的记忆 / 271

后　记

第一章

公园城市示范区
——成都故事

成都既是历史文化名城，又是国家中心城市、成渝地区双城经济圈"双核"之一。作为四川省会城市，这座拥有2100万人口的超大城市正在深入建设践行新发展理念的公园城市示范区，以高效能治理健全超大城市现代治理体系、以打造高品质生活宜居地推进共同富裕、以建设科技创新策源地打造科技之城、以推动高质量发展构建现代化产业体系、以打造高标准生态环境推进人与自然和谐共生。成都正在书写中国式现代化万千气象中最为绚烂的城市篇章之一。

沃野天府

一、"天府之国"：成都是一座千年城名未改、城址未迁的城市

成都是一座历史悠久、充满神韵的城市，传承着古蜀文明且始终保持和谐包容、开拓创新的城市特色和活力。结合考古发现和文献记载的"二重证据法"来看，成都拥有20万年人类史、4500年文明史、2300余年建城史，[①]这意味着成都这座城市有着极强的历史延续性和深厚的城市传统根基。从宝墩古城群到金沙遗址等，都完整地展现了成都早期文明的发展脉络。新中国成立后，基本没有现代工业的成都在国家"一五"、"二五"和三线建设时期布局了电子信息、机械、航空航天等现代工业，成都逐步由解放前以消费为主的城市向生产型城市转变，成为西南地区重要的科技中心、商贸中心、金融中心、交通和通信枢纽，成为综合服务功能逐步增强的特大中心城市。站在新的历史起点上，成都加快推进成渝地区双城经济圈建设，建设国家中心城市和体现新发展理念的公园城市的路径清晰可见，成都迎来了新的发展机遇。

---

① 冯婵：《创新文化传承发展体系　构建文化遗产大保护格局》，《成都日报》2024年5月22日。

第一章　公园城市示范区——成都故事

（一）从"蓉城"到"魅力之都"

成都平原是长江上游古文明诞生的摇篮，是农业文明财富的汇聚地，自古就有"天府""陆海"的美誉，其凭借天府农业文明的优势形成了灿烂的城市文明。文献《蜀王本纪》中载有蚕丛、柏灌、鱼凫、杜宇、开明等五位蜀王，从历史发展来看，他们实际上代表了蜀地从渔猎经济时期到畜牧、农业定居时期的五大部落。考古发现的距今4500年的成都平原宝墩文化标志着古蜀王国已经进入文明时代；距今3000年的金沙、十二桥等遗址显示成都一带已经成为古蜀王国的中心都邑，也是自此开始成都没有迁移城址的历史长达3000年以上，并且2600多年来城名未改，[①]这一历史进程充分展示了成都平原作为古蜀文明发源地的演进发展历程。

1. 农业文明繁荣背景中诞生的"蓉城"

与世界上其他早期城市文明的兴起和发展一样，成都农业文明的发达离不开优越的自然地理环境。成都地处四川盆地西部，处于亚欧大陆内陆地区，属于典型的内陆腹地城市。成都虽处于内陆，但由于其地处长江上游、丝绸之路经济文化的交汇点，又是中原地区与西南、西北等地区经贸往来的中心，因而，成都在中国政治、经济、文化等各方面都具有重要战略地位。从地理环境看，成都三面环山，地处周围河流冲积形成的平原，地势广阔且土地肥沃。岷江和沱江形成的低分水岭，一方面有利于解决城市的供水问题，另一方面又能防止水灾侵害，丰盈的水资源为成都早期的农业生产和城市发展创造了得天独厚的条件，保证了农业文明的延续性和稳定性。考古学家在成都平原发现了距

---

① 何一民、王毅等：《成都简史》，四川人民出版社2018年版，第1页。

今 5000 多年的农作物种子，说明成都平原在此时已进入农业时代，又在距今 4600～4300 年的桂圆桥遗址中发现了数量较多的水稻硅酸体，说明成都是较早种植水稻的地区。秦汉时期，成都在全国的地位不断提升，经济异常繁荣，农业、手工业、商业之盛，居于全国前茅，成都平原取代关中地区成为闻名天下的"天府之国"。

2. 成都城市经济与文化的繁荣与发展

秦汉时期的成都农业和手工业得到长足发展，冶铁、制盐、丝织、漆器等享誉全国，推动了商业的繁荣，成都成为仅次于长安的全国第二大商业都会。由于成都平原的水路交通便利，因此其成为西南地区最大的商品经济活动中心，也成为"南方丝绸之路"的起点和重要口岸。经过多年的积累和发展，成都在唐宋时期商业繁荣达到鼎盛，手工业和商业使得城市极其繁荣富庶，在这样的物质基础上，形成了极富本地特色的文化和商业习俗。唐五代时期，成都不仅成为最有影响力的城市之一，还成为南北丝绸之路重要节点，成为相当有影响力的国际化大都市之一，有"天府之国""扬一益二"的美誉。[①] 明清时期，成都地区的城市经济和人口规模达到新的高峰。到了近代，中西方文化和经济的冲突加剧，但成都未能发挥其农业文明的历史优势，现代化进程相较于沿海地区呈现迟缓和停滞，直到 20 世纪 40 年代末成都都是一个典型的传统内陆消费型城市，现代工业几乎没有，社会经济和城市建设更是百业凋零、每况愈下。新中国成立以来特别是改革开放以来，成都全面向现代工商业城市转变，进入 20 世纪 90 年代，成都作为西南地区科技中心、商贸中心、金融中心、交通和通信枢纽的地位和作用持续增强，开始向综合型城市转变，各方面得到全方位发展，逐步走向"魅力之都"。

---

① 何一民、王毅等：《成都简史》，四川人民出版社 2018 年版，第 132—135 页。

（二）从"三线"打拼到"新一线"

1. 从内陆生产城市向现代工业城市转变

从 1953 年开始，成都工业和城市建设开始逐步有重点地展开，一批处于国内先进水平的电子和机械工业重点工厂、科研单位开始在成都建设或投产，成都地方工业体系也在"一五"时期逐步建立和发展起来。"一五"时期，在苏联援助中国的重点工程中，电子工业有 9 个项目，其中锦江电子厂、西南无线电器材厂、成都通用无线电测量仪器厂、国营新兴仪器厂 4 个项目都集中在成都东郊，1955 年还在成都西郊筹建全国第一个电信工业研究所，也就是后来的西南电子技术研究所，后来又根据国家对成都电子工业基地的配套需要，增加建设了国营成都电子管厂（红光电子管厂）和成都机器厂（南光机器厂）。实际上，在"一五"计划完成时，成都电子工业基地已经初具规模。除此之外，成都还先后承担了能源、交通、建材、化工、机械、航空等方面的建设任务，开始走上现代工业城市的道路。

2. 工业城市在曲折中探索行进

1958 年起，受到"大跃进"和人民公社化运动的影响，出现了"瞎指挥""浮夸风"等现象，使成都经济建设和城市建设遭到破坏，尤其是"十年动乱"影响更加严重。这一时期，成都全市范围内掀起大办钢铁的群众运动，一时间通过土洋结合的办法突击制造出各类制铁炉 11501 座，造成很大浪费和企业亏损。在"大跃进"高潮时期，4 年内成都就对城市总体规划进行了两次调整，关于城市面貌提出"三年改观、十年大变"的要求，建设管理有所失控，工业建设规模过大，城市人口过分膨胀，城市住宅严重不足，市政公共设施超负荷运转。当然，这一时期也修建了一批大型公用建设项目，比如原子能展览馆（现四川省博物馆）、双流机场候机楼、锦江宾馆、金牛坝招待所等，并在洗面桥、肖家村等地修建一批居民点，改善了人们的生活和居住条件。但是，这一时期急于求成和盲目冒进使城市经济发展遭受巨大挫折，"文化大革命"浩劫进一步扭曲了城市建设发展的方针。

3. 三线建设推动了成都工业的长足发展

四川作为三线建设投入最多的重点省，一大批国有重要工厂、科研单位从东部沿海和东北等地迁入四川，一批航空、航天、船舶、电子、核工业等领域重点项目开始动工修建。据有关数据统计，从1964年到1971年，从一线地区迁来四川的工厂、科研单位共计117个。三线建设的指挥部设置在成都，使成都城市工业布局和科技实力都发生重大变化，成都在机械工业、电子工业、航空工业等方面都有长足进步。机械工业方面，1966年从上海、南京、天津、杭州等城市内迁援建了四川齿轮厂、宁江机械厂、湔江机械厂、成都轴承厂、东方红机械厂等，使成都的机械工业实现由粗到精、由简单到复杂的研制生产。电子工业方面，在成都的企事业单位增强了地区协作配套能力，促使电子产品从仿制为主过渡到自行研发制造为主，使成都成为西部最大的电子工业生产和研发基地。在航空工业方面，132厂、420厂、161厂等企业的兴建，加快了相关产品的研发生产，促进了成都航空技术研究和产业发展。除此之外，成昆铁路、双流机场等的修建和改扩建，提高了成都西南交通枢纽的地位。

4. 城市综合实力持续提升

改革开放以来，成都集中精力进行经济建设，在农村全面推行家庭联产承包责任制，在城市进一步扩大经济体制改革试点，城市经济综合实力加速提升。

农村家庭联产承包责任制实行后，农业人口大量向非农产业转移。成都1984年全面取消人民公社后，农民得以自主安排生产和进入城镇务工，随着票证制度的逐步取消，农村人口进入城市的障碍进一步扫除，与此同时，成都鼓励农民进城从事二三产业，城镇的大门开始向农民敞开。商业流通体制改革打破了国营一统天下的格局，集体、个体商业迅速发展起来，城市第三产业兴起也促进了基础设施加快建设，城市劳务市场逐步形成。进入21世纪，成都进一步加快推进城乡一体化，打破城乡二元结构。2007年国家开始在成都市设立全国统筹城乡综合配套改革试验区，加快推动了城乡综合配套改革，成都城市活力进一步提升。随着城市综合实力的增强，成都产业结构持续优化，进一步促进了经济增长，电子信息、机械、医药、食品等支柱产业带动了工业增长，非公有制经济的作用越来越重要。

5. 成都内陆开放高地建设持续加强

成都地处内陆腹地，对外开放相对较晚，1985年才开办了第一家中外合资企业。1992年以后，成都持续加大对外开放步伐，加强了对重点开发区的建设，不断扩大对外开放领域，工业、基础设施建设、金融、零售等领域陆续向外商开放，成都对外影响力逐步扩大。成都采用多种形式利用外资，除兴办三资企业以外，成都自来水厂还采用"建设－经营－转业"（BOT）形式与法国通用水务和日本丸红株式会社合作。进入21世纪，成都对外开放开创了新格局，开放型经济发展步伐加快，世界500强企业纷纷在成都投资或设立分支机构。随着我国共建"一带一路"倡议及长江经济带发展战略的提出，成都由内陆腹地一跃成为对外开放的前沿门户，一方面加快与国内城市和地区开展合作，另一方面利用"一带一路"和长江经济带重要交汇点的地位不断加强对外合作，成为最富活力的西部城市，吸引着来自世界各地的客商游人，使成都真正成为"一座来了就不想走的城市"。

（三）谋局"双城记"中的成都角色

2020年1月，习近平总书记主持召开中央财经委员会第六次会议，亲自谋划部署推动成渝地区双城经济圈建设，明确表示支持成都建设践行新发展理念的公园城市示范区，成都在"双城记"中将发挥更加重要的作用。

1. 增强成都核心引擎带动功能，推动全域均衡协同发展

成都区域发展由内向外差距极为明显。面对成都主城区发展相对饱和与资本和产业需要寻找扩张出路，以及二三圈层发展不足、区域发展不均衡不协调的问题，2011年底，成都提出实施"三圈一体"战略，推进圈层融合、错位发展，优化城市发展空间，解决区域发展不平衡、不协调问题，进一步增强成都核心增长极在成渝经济区和西部地区的辐射带动能力。为拓展城市发展新空间，加快疏解城市核心区非核心功能，2017年12月，成都作出全面建设现代化新天府的决定，切实担当起建设国家中心城市重大使命、肩负起四川首位城市推动区域协调发展重大责任，打破原有圈层结构，进一步增强城市集聚力，增强中心城区的外溢效应和辐射能力，带动全域均衡协同发展。成都将努力建设践行新发展理念的公园城市示范区，为推动西部大开发形成新格局、成渝地区双城经济圈建设提供有力支撑，为加快建设社会主义现代化强国贡献更大力量。

2. 发挥好成都在四川区域协调发展中的龙头带动作用

1997年初，重庆设直辖市，四川省版图发生重大变化，成都成为四川唯一的超大中心城市，全省区域发展战略也从"依托两市、发展两线、开发两翼、带动全省"转变为"依托一点、构建一圈、开发两片、扶持三区"，这一战略使成都引导和带动全省发展的核心地位得到确立，同时也首次提出"成都平原经济圈"概念。四川省"十一五"规划提出"五大经济区"的区域发展战略，即发展成都平原、川南、攀西、川东北、川西北五大经济区。为打破成都"一城独大"，培育全省新的增长极，2013年，四川提出实施"多点多极"支撑发展战略，制定实施区域发展规划和差异化政策，率先在有基础条件的市（州）实现突破，构建多点多极支撑发展格局。为破解全省发展不平衡、不充分和首位城市能级制约的问题，2018年6月，四川决定实施"一干多支"发展战略，构建"一干多支、五区协同"区域发展新格局，重塑全省经济地理。"一干多支"发展战略首次将成都定位为全省"主干"，通过做强成都"主干"，提升对国内国际高端战略资源的集聚集成能力，进一步增强对全省其他区域的引领辐射带动能力，更好发挥引领辐射带动作用。新发展阶段，成都将落实四川"四化同步、城乡融合、五区共兴"发展战略部署，作为引领带动四川发展的主引擎，把主攻方向和发展重点放在产业高端化、服务功能化上，以建立强大的成都国家中心城市"五中心一枢纽"功能，做大做强自身，提升区域带动能力、金融资源的集聚辐射能力、国际影响力、创新引领能力、文化影响力、门户枢纽能力，聚集更多优质资源，为各市州产业发展提供市场支撑、金融服务支撑、科技创新支撑、贸易物流支撑、人才支撑。

3. 发挥成都在成渝"双城记"中的带动引领作用

发挥好成都国家中心城市的优势和带动作用，推动重大项目布局跨龙泉山向东延伸，与重庆渝西片区东西呼应、相向发展，共同打造高质量发展动力源。成都大力实施"东进"战略，推动重大项目布局向东延伸。强化成渝中轴联系，增强川东北和川南两翼发展能力，依托交通干线和重要河流水系构建区域经济发展带，形成"一轴两翼、双核三带"相向发展的新格局。规划布局一批毗邻合作示范区、重大改革试验区、协同区。创建万达开川渝统筹发展示范区，推动川东北与渝东北地区一体化发展。支持遂宁潼南建设高品质生活宜居地示范区、资阳大足建设文旅融合发展示范区。推动泸州、内江、永川、荣昌共建川渝毗邻地区融合发展试验区。

4. 建设具有全国影响力的重要经济中心和科技创新中心

成都将有效提升区域产业生态竞争力，构建高效分工、错位发展、有序竞争、相互配合的现代产业体系，强化硬核科技创新引领，打造全国重要的创新策源地和国家战略性产品研制基地，助力成渝地区建设具有全国影响力的重要经济中心和科技创新中心。以成都科学城为主要载体共建西部科学城，争取建设综合性国家科学中心、天府实验室，成为国家实验室体系的重要组成部分，打造重大科技基础设施集群，创新大科学装置运营管理机制，以应用研究带动基础研究。加快建设区域协同创新体系，以国家自主创新示范区建设为引领，构建成都都市圈，协同创新共同体，打造"一带一路"区域开放创新枢纽。做

天府大道（史雅莉 摄）

强产业生态圈，推动产业基础高级化和产业链现代化，推动先进制造业和现代服务业深度融合，大力促进产业链创新链深度融合。高水平开展新动能培育示范，打造最适宜新经济发展的城市，深化多维度多层次应用场景供给侧改革。提升西部金融中心服务实体经济发展能力，高水平打造"一带一路"区域金融中心，突出资本市场、金融科技、特色功能，争取设立"一带一路"金融开放试验区，高水平打造全国金融科技中心。

5. 探索生态价值实现路径，营造宜居宜业生活场景

深入贯彻"绿水青山就是金山银山"理念，加强生态环境保护，推动生产生活生态融合，在生态价值转化路径上积极创新，探索城市可持续发展新模式，筑牢长江上游生态屏障。牢牢把握人民美好生活向往，强化公共服务共建共享，推动公共资源合理配置和下沉延伸，创新和完善党建引领城市治理的制度体系，加快建立智慧型安全韧性城市，助力成渝地区建设具有全国影响力的高品质生活宜居地。以第三次全国国土调查成果为基础，以资源环境承载能力和国土空间开发适宜性"双评价"为依据，围绕生产、生活、生态"三生融合"理念，不断优化经济圈空间结构，塑造"江山相映、景城相融、绿廊相通、舒适共享"的人城境业和谐统一城市形态，不断满足新时代人民对美好生活的新期待。完善空间管控体系，联手共绘"三区三线"，妥善处理经济发展与生态保护关系，实现生产空间集约高效、生活空间宜居怡人、生态空间山清水秀，促进生产、生活、生态空间的合理布局，打造城景交融、宜居宜业、山水城共荣的区域治理新格局。

沃野天府

二、"幸福之城"：
超大城市成都的蜕变

城市发展的历史是人类从分散到集聚、从小规模到大范围、从封闭到开放、从传统到现代、从低级到高级的过程，人与人之间的联系在技术的支持下日趋紧密，让城市成为联络世界的核心节点。2021年9月，国家统计局根据第七次全国人口普查的结果，宣布全国7个城市城区人口超过1000万，其中，成都城区人口达到1334万人，迈入了千万人口级别的超大城市行列，其城市影响力和竞争力将持续提升。

（一）"公园城市"的全新探索

2018年2月，习近平总书记在成都考察期间指出，"成都要突出公园城市特点，把生态价值考虑进去"，自此，成都拉开了建设美丽宜居公园城市的序幕。成都拥有4500多年的城市文明史和2300多年的建城史，1928年设市，是国务院首批公布的24个历史文化名城之一，拥有独特的生态本底、文化底蕴，承载着国家战略重任。成都依照"践行绿色发展理念，持续提升公园城市宜居生活品质"的要求，正以生态文明为引领，以将公园城市适宜人居环境需求和提升城市竞争优势相融合共生为目标，发展全面体现新发展理念的城市发展的高级形态。随着公园城市建设的全面展开，成都正努力将"人、城、境、业"融入超大城市建设的过程之中，探索建设践行新发展理念的公园城市示范区。

1. 安逸与拼搏都是成都人的底色

统计数据显示，2022年末，成都常住人口已超过2100万人，算得上是一个人口基数巨大的超大型城市。从全球范围来看，成都目前的常住人口比挪威、瑞典两国的常住人口总和还要多。

成都的人口规模增长很快并呈现持续增长的势头。俗话讲"成都，一座来了就不想走的城市"，成都每年吸引着大量的外地人来这里工作和定居。从历史角度看，成都本身就是一个移民城市，因进入巴蜀的通道少且艰险，自秦国占巴蜀之后，大量躲避战乱的移民来到成都，不断为这里输送各种文化；后自宋末蒙古人入侵蜀地之后，成都几乎全部是移民；明、清时期最为知名的"湖广填四川"，造就了今天被人们称为"老成都人"的那部分居民。新中国成立以后，由于三线建设等诸多原因，陆续又有很多外地人来到成都。随着国家战略布局的深入，成渝地区双城经济圈建设等上升为国家战略，成都成为西部乃至全国重要的经济中心，城市显著的活力和包容性对人的吸引力大大提升。

成都人用拼搏守护着幸福。2022年，成都连续第十四年荣膺"中国最具幸福感城市"冠军，成都的闲逸和温柔让每一位来到成都的人都备感幸福，有时也被这种慵懒的幸福所迷惑，因此有先辈曾给出劝诫"少不入蜀"，这似乎让成都背负了"好逸恶劳、坐享其成的古都"的名声，但其实任何一种幸福一定是拼搏和奋斗出来的。在新冠疫情暴发后，成都14.9万余名微网格员服务12万余个社区微网格，形成舆情和疫情处置快速有力的支撑。这些微网格员由来自各行各业的普通市民组成，他们有快递员、医生、教师等，是他们的无私奉献和辛勤奋斗让这座人口逾2000万的超大城市在疫情期间平稳运转。而能够保证一

沃野天府

温江公园（史雅莉 摄）

座超大城市幸福的底色，是要拥有扎实且稳定的产业发展基础。成都已形成电子信息、装备制造、航空航天、高端软件等特色优势产业集群，在"大国重器"中常常凸显着"成都造"的实力，正是良好的产业生态和发展实力，使成都成为企业和创新人才眼中的最佳进入地，成都也连续3年蝉联"中国最佳引才城市"奖，越来越多的人力资源的集聚和层次的提升，激发了成都人干事创业的热情。

2. 成都公园城市绿色发展典范

作为公园城市的首提地，成都大力推动公园城市示范区建设，以理念的转变引发城市内生动力革新。2022年，成都绿色低碳产业产值达2500亿元，到

第一章 公园城市示范区——成都故事

2025年，成都绿色低碳优势产业规模将超3000亿元，城市经济向低碳转型。在城市生态空间形态上，成都始终以公园城市形态为城市发展提供指引，从"产城人"向"人城产"转变，回归城市发展的人本逻辑，在城市的组织结构上开启了以人民生活为导向的城市发展思维，山水人城和谐相融绿色发展超大城市开启新探索路径。

成都的产业、生活和生态休闲，坚持以绿色为引领，初步构建了公园城

东湖公园（史雅莉 摄）

市的发展指数，从制度和机制上对公园城市建设进行顶层设计，先后颁布出台了《成都市美丽宜居公园城市建设条例》《成都市龙泉山城市森林公园保护条例》等十余部政策与法规。成都近年来累计建成1500多个大大小小的公园，铺设650千米各级绿道，实施增绿项目1.1万个，森林覆盖率、建成区绿化覆盖率分别提升至40.5%、44.5%……大美公园城市形态正加速形成。成都在公园城市的建设中，最为可贵的是将土地和资源高效利用，空闲零星的地块用于打造社区花园，景在窗外、绿在门前，实现了绿地界面与生活、生产情境的融合。生活在绿色之中的市民，进一步激发出了热爱自然、珍惜绿色的文明根魂。逛公园、游绿道、乐生活已成为成都市民的生活方式，在公园跑步、散步、看比赛、运动、露营……身处公园城市之中的成都市民人人参与其中、享受其中、幸福其中。

3. 成都"三生空间"环境和谐共生

新中国成立以来，随着成都城市性质由消费型城市向工业城市、由功能单一的工业城市向功能综合的区域中心城市的两次转型，城市人口规模不断扩大。2000年进入300万人口的大型城市行列，2015年进入500万人口的特大城市行列，2021年跨入1000万人口的超大城市行列，人口规模也进入了全球城市前30位。而随着城市人口规模的持续扩大，成都城市建成区面积也相应扩大，1999年成都的城市建成区面积首次超过了200平方千米，自2015年双流、郫县等撤县改区后，成都城区面积迅速突破1000平方千米，服务城市人口超过2000万人。城市人口规模的快速增加、城市建成区面积的急速扩张，必然带来城市空间形态的加速改变。在相当长的一段时间内，成都的城市空间结构呈现圈层状向外扩张。近年来，一方面城市核心区空间规模持续扩张，另一方面周边城镇较大规模地扩展，并逐步与城市核心区空间上连片，初步形成了完整的城市空间形态。

第一章 公园城市示范区——成都故事

城市绿道（史雅莉 摄）

天府绿道系统成为公园城市建设的典型特征。天府绿道的规划总长接近 1.7 万千米，是目前世界上最大体量的绿道体系，沿着河滨、溪谷、山脊，连接湿地、公园、绿地，"可进入、可参与、景观化、景区化"的建设理念，成为公园城市的最佳写照。天府绿道系统包括区域级绿道、城区级绿道、社区级绿道，系统串连起的绿化设施、文体旅设施相当于欧洲一个国家的绿化和文化旅游设施总和，呈现的绿化覆盖密度已超越了北京和上海。

成都正建设成为全球以公共交通为导向的开发（TOD）典范城市。成都正将"轨道交通+TOD"作为公园城市建设的重要路径，"轨道+公交+慢行"形成公园城市绿色低碳、简约高效的运行动脉，TOD 促进交通圈、商业圈、生活圈"多圈合一"。2022 年成都轨道交通线网里程已跃升至全国城市轨道交通"第四城"，其中，地铁 18 号线建成通车后，位于"城市绿心"的龙泉山丹景台一跃成为网红打卡地标，成都正加快实现"一山连两翼"的千年城市之变，"轨道交通引领城市发展、TOD 重塑城市形态"由此生动可见。

4. 绿色产业探索成都永续发展新机制

一是突出产业绿色技术转型，加快培育绿色经济体系。近年来，成都始终坚持绿色发展和高质量发展的主线，以产业生态化和生态产业化为方向，强化"科技+数字"赋能现代化产业体系，发展壮大绿色低碳优势产业，推动存量产业绿色低碳改造，全面推广绿色循环生产方式，构建绿色低碳循环发展经济体系。成都正依托新材料等 11 个重点产业功能区，大力发展光伏、锂电、新能源汽车、节能环保产业，发挥头部企业引领带动作用，贯通上中下游产业链，与周边的德阳、乐山、眉山等加快形成产业大循环体系。

二是绿色技术研发应用和自主创新主体地位逐步加强。成都市政府历来重视支持绿色技术科研，在项目选择中注意从需求引入和导向，努力实现科研成果在应用中找到价值，重点聚焦国家战略需要、绿色低碳科技前沿、产业转化实际，以及涉及绿色低碳的一些关键的核心技术持续攻关突破。不仅如此，还在努力培育形成一批科技实力突出、创新能力强劲的绿色技术型企业。此外，随着消费需要的多元化、高级化、绿色化转型，成都对包括绿色家居、绿色出行、绿色服装等产品领域持续加大支持力度。

三是川西林盘的特色生态产品保护和开发。成都平原因其雨水丰沛、气候适宜，特别适宜农耕。农村地区通常以姓氏为小单元、小组团，围绕高大乔木、竹林等自然环境，以农宅等居住空间相互联结形成了乡村聚落，外围周边就是耕地，构成了川西地区独有的田园生产、生活、生态、文化空间载体形态——林盘。川西林盘是以农业生产和生态为基底和基质，兼具农业生产、生态美学及人与自然和谐共生的生活方式的典型农村形式。川西林盘不仅是生态碳汇的重要生成载体，同时还是生态系统的碳吸收空间，林盘内的各要素之间能够相互关联形成完整的碳循环体系。近年来，成都加大了对川西林盘的保护，不断发挥其经济价值、生态价值和文化价值，通过对其科学合理利用，川西林盘不仅增加了林盘居民的收入，也走出了具有成都特色的可持续发展之路。

（二）"成都制造"越来越响 "成都智造"越来越亮

2022年11月，工业和信息化部批复并发布设立的国家级制造业创新中心项目正式落地成都，这是国家在超高清视频领域设立的唯一一个国家级创新中心，这也标志着成都实现了国家级制造业创新中心"零的突破"，凸显了成都在制造业创新领域的独特优势。从神舟号载人飞船到北京冬奥会，再到全球诸多笔记本电脑等都有"成都造"的身影，成都的制造业已经成为其立城之本、兴市之要。未来，成都不仅要踏实走好当前路，还将在做强做优实体经济、提升"成都智造"品牌影响力上下功夫。

1. 成都产业的"圈"和"链"是发展的基础

据史书记载,战国时期秦国的蜀郡太守李冰主持修建了著名的都江堰水利工程,使成都平原的农业得到了极大发展,为"天府之国"以及成都 2000 多年的产业发展打下了基础。秦汉时期成都酿酒、铸币、织锦等产业极为发达,通过一些典故就能知道成都当时的产业发展水平极高,如西汉时期邓通开铜矿铸钱、西汉至三国成都因出现专门织造蜀锦的官营作坊而有"锦官城"之称等。隋唐时期得益于发达的农业、商业、手工业等,成都在造纸、印刷等方面发展很快,成为中国雕版印刷术的发源地之一,唐代后期,大部分印刷品都出自成都。宋元时期,成都丝绸业规模持续扩大,蜀锦占全国各地上交丝绸总数的70% 以上,成都的丝绸业成为全国的"龙头产业"。民国时期虽然军阀割据,但药厂、火柴厂、肥皂厂、印刷厂等新式企业依然蓬勃发展,抗战时期东部人口、企业、科研机构等的内迁,加速了成都城市近代化。新中国成立后,国家启动三线建设,成都逐步形成了比较系统且在国内比较先进的机械、电子、航空、冶金、化学等现代化工业体系。当前,成都已构建起涵盖 38 个大类、184 个小类的综合性工业体系,先进制造业城市发展指数居全国第八,获批"中国制造2025"试点示范城市。

成都作为四川最具投资吸引力的城市,同时还不断发挥其辐射带动作用,引领成都都市圈产业发展,形成了"圈"和"链"的协同发展。成都充分认识到城市单打独斗和"一城独大"的时代已经过去,城市发展进入区域协同时代。四川在推动成渝地区双城经济圈建设的过程中,成都都市圈通过落实和实施都市圈发展规划,在规划布局、基础设施、创新驱动、现代产业等各方面成势见效。通过建设成都都市圈,为成都的产业链做强做长提供了巨大的发展空间。北京冬奥会上,不仅开幕式中的奥运五环、二十四节气倒计时等设计中融入了"成都制造"的技术贡献,而且在各类竞技项目的场地,还有更多的"成都制造"。比如，来自双流的成都中建材光电材料有限公司制造的碲化镉发电玻璃，先后用于建设张家口赤城县大型山地修复地面电站项目、张家口帝达世博广场改造项目、冬奥赛区发电玻璃绿色低碳路标项目，为冬奥会提供"绿色电力"；四川一汽丰田汽车有限公司生产的氢燃料电池客车，为冬奥会提供绿色低碳出行保障……这些"成都制造"的身影，也彰显着成都制造业的综合实力、创新力和竞争力。成都在实施制造业强市战略过程中，持续推动制造业的产业链、创新链、供应链在成都都市圈中的深度融合，四川成眉同城化科创股权投资基金正式注册成立，在成都和德阳进行"研发＋制造"的双城模式促进下国内首台自主研制的15兆瓦重型燃气轮机在德阳东方电气集团东方汽轮机有限公司正式下线……成都都市圈一直在推进经济区与行政区适度分离改革，助力都市圈产业协同。

2. 从"成都制造"向"成都智造"的转变与飞跃

在成都制造的影响力、竞争力不断提升的过程中，成都不再仅仅满足于"成都制造"，而开启了新一轮的产业创新和转型。近年来，成都加速在制造业中提升科技创新水平，一大批"成都智造"快速崛起，逐步树立起了一批叫得响、知名度高的产品，如声表面波滤波器晶片实现国产替代，通威太阳能高效电池光电转换效率刷新世界纪录，磁悬浮轨交、大飞机、超高清显示、高端通用芯片、柔性显示等均在国内甚至国际相关领域处于领先地位。经过多年的创新深耕和大力培育，成都已有48家企业入选国家工业互联网示范项目，9家企业入选国家智能制造示范项目，2家企业入选全球"灯塔工厂"……成都在制造业领域的创新发展，已使得成都成为区域乃至全球具有影响力的制造业创新中心。成都围绕重点产业、重点领域、重点行业等的创新，不断强化对资源的整合，在研发创新载体建设等方面也持续加强，全面提升的制造业创新能力正带动全市科技创新和产业升级。

为顺应智能时代的发展，成都数字产业化和产业数字化进程不断加速，推动新一代信息技术与制造业深度融合，加快制造业数字化、智能化转型。经过多年的努力，成都先后获批国家新一代人工智能创新发展试验区、国家人工智能创新应用先导区、全国首个5G双千兆+全面商用城市。与此同时，成都正全面推进高能级新基建项目建设。目前，成都已累计建成5G基站5万余个，落地国家工业互联网顶级节点，利用数据处理及数字基础设施优势成为国家"东数西算"的枢纽城市，数字基建和信息聚集等综合实力处于西部乃至全国前列。成都已有1160户企业开展了数字化、智能化、绿色化改造，100个数字化车间、智能工厂正在加快建设，成都也成为西部地区首个国家级服务型制造示范城市。

3. 产业集群化趋势提升成都制造业能级

纵观人类社会发展史，每个时代的变迁和演进都会有制造业的创新和发展，都离不开制造业整体实力的提升。从三星堆、金沙遗址等古蜀文明制造业技术，到蜀锦、蜀绣、漆器等制造业产品的演化，都充分彰显出成都制造业的一贯成就。进入新发展阶段，成都迎来了制造业发展的重大历史机遇，无论是新一轮西部大开发战略的实施，还是成渝地区双城经济圈建设等国家战略的布局，都赋予了成都建设国家制造业高质量发展示范区的历史使命。成都作为国家中心城市和全省主干城市，面对前所未有的机遇，有力支撑成都打造中国西部具有全球影响力和美誉度的现代化国际大都市。当前，成都已形成电子信息、装备制造2个万亿级产业集群和10个千亿级产业集群，制造业高质量发展走到全国前列。

成都为制造业发展提供了良好的营商环境，持续吸引制造业企业和重大项目集聚成都，形成产业集群发展的良好态势，电子信息产业尤为突出。电子信息产业仅规模以上企业数量就已超过1400家，从业人员超过60万人，英特尔、IBM、戴尔、华为等60余家世界500强企业和国际知名公司相继落户，推动集成电路等10个以上产业集群过千亿。

（三）贡献"天府粮仓"的成都粮策

2022年6月，习近平总书记来川视察时指出，把粮食生产抓紧抓牢，在新时代打造更高水平的"天府粮仓"。成都作为省会城市也必将带动全川为这一目标而奋斗，为助力端牢中国饭碗、保障国家粮食安全作出应有贡献。

1. 顶层设计，持续优化粮食产业发展空间

粮以田为基，仓以业为础。本着对未来负责、对人民负责的认识，成都始终以坚持藏粮于地的发展思维开展顶层设计，持续优化粮食产业发展空间。

一是落实"长牙齿"的耕地保护制度，持续推动高标准良田建设。成都各级党委、政府严格落实耕地保护的责任制度和机制，在全国率先建立起耕地保护基金制度，累计发放耕地保护基金165亿元，受益农户170余万户；全面推进"田长制"的耕地保护机制，构建起上下联动、全面参与、相互协调的耕地撂荒预警、复耕复种、动态监测、监督奖惩等机制。随着这些政策、制度、机制等的全面落地，2022年成都共有2700余亩撂荒耕地全面复耕复种。与此同时，对现有耕地进行分类改造提升，结合现有耕地条件因地制宜进行标准化升级，加强对田型、配套、道路等进行升级，促进田网、水网、路网、信息网等配套改造，推进高标准农田建设，到2022年，成都已累计建成高标准农田接近390万亩。

二是整合利用已有资源禀赋，持续完善优化产业空间。"天府粮仓"建设不是开疆拓土，而是要在现有资源禀赋基础上进一步优化提升。成都市结合现有粮食种植的资源禀赋，在现有粮食生产功能区和粮食产业布局基础上，加强顶层设计，持续完善粮食种植空间结构，连片提升建设"一带十园百片"，并依托成都科技优势，加大"种业+农业+科技"的融合。成都正集成应用良田、良种、良法、良机、良制"五良"融合新模式新机制，加快打造环城十万亩粮油产业带，同时布局建设15个十万亩的粮油产业园区，并通过信息化、数字化技术的融入，提升粮食种植效率并持续增产增收。全市2023年小麦单产较上年增加10%，扭转了10余年来逐年下降的趋势。

三是加大政策顶层设计，强化科技协同创新。2022年7月，成都市出台《打造更高水平"天府粮仓"成都片区的实施方案》，加上之前出台的《成都市防止耕地撂荒的十条措施》《成都市加强耕地保护保障粮食安全的十条措施（试行）》《成都市推动种业高质量发展的十条措施（试行）》《成都市深化农业职业经理人队伍建设的十条措施（试行）》等配套文件，形成了推进"天府粮仓"成都片区建设的顶层设计。成都在加强科技协同创新方面举措显著，不仅扎实推进国家现代农业产业科技创新中心建设，还在全力创建国家农业高新技术产业示范区。成都还实施种业振兴行动，提速建设各类创新研发机构和研发中心，已引培"育繁推一体化"链主企业和重点链属企业超过20家。同时，成都还通过广泛选拔各类人才，加大力度培养农业职业经理人，全环节、全链条、全要素抓好耕地保护和粮食生产。

2. 创新驱动，持续强化科技智慧赋能农业

持续提升农业科技水平是我国农业强国建设的应有之路，也是保障我国粮食安全的关键。成都在农业发展中坚持创新驱动，不断强化农业科技领域的协同创新，通过在现代种业、农业装备、数字技术、智慧农业等方面的技术研发和推广应用，加速推动"智慧种粮"和农业绩效提升。种业的振兴和都市现代农业的发展，是成都建设更高水平"天府粮仓"的重要路径，也是成都农业高质量发展的必由之路。

种子是农业的"芯片"，是保障国家粮食安全的关键。成都紧抓种业科技协同创新，依托在蓉的涉农科研院校（所），采取"园区＋科研院校（所）＋新型经营主体"方式，构建新品种、新技术研发和新成果转化应用的协同创新机制。同时，坚持粮食种业和蔬菜种业"双核"支撑的现代种业创新体系，不断打造我国的"农业芯片"，提升现代种业的品质和成色。目前，成都已建成西南地区最大的育种科研基地。

成都现代农业的发展离不开科技创新人才的支撑，成都发挥学科、人才、科研的优势，协调配置超大城市创新资源要素，共创成都现代农业产业高质量发展新格局。成都市政府与四川省农业科学院、四川农业大学、中国农业科学院都市农业研究所签订了《共建都市现代农业产业链创新链战略合作协议》，这些在蓉的科研院校（所）分别与粮食主产区所在区（市）县签订共建"天府粮仓"

金沙滨河公园（史雅莉 摄）

科技战略合作协议，构建起了农业科技协同创新机制，在"天府粮仓"建设中将充分发挥农业科技人才的作用，推动粮油新品种、新技术、新装备、新模式的创新研发和成果转化应用。不仅如此，成都市还将组织农机人员形成科技服务队，配合农业科技专家开展技术指导和服务，一方面直接参与地区农业科技研发，另一方面为本地培养实用技术人才。2023 年，开展技术创新超过 30 项，打造科技示范基地超过 17 个。

3. 融合发展，智慧农业助推农业现代化

农业机械化能够有效推动农业农村的现代化。成都一方面凭借自身在制造业方面的优势，加强农机设备、装备、技术的研发，为农业生产提供生产、加工、制造、服务一体的全产业链技术提升，形成了许多"专精特新"的现代农业装备技术园区；另一方面，还培育了一批支农惠农的农机专业合作社开展社会化服务。2022 年，成都农机专业合作社数量就已经增加到 220 余家，农机总动力达到 400 万千瓦以上，农机数量规模超过 30 万台（套），成都全市的主要农作物的综合机械化率达 82.5%。农业生产中加强了信息化技术的运用，通过农业数字化管理，构建了智慧农业资源管理"一张图"，对农业进行智能化、信息化、精准化、精细化监控和管理，建成 11 个覆盖全市的专业数字管理系统、72 个农业物联网示范基地。

三、文化名城：
　　安逸的城市，巴适的生活

成都作为中国历史文化名城，拥有悠久的历史，有着深厚的文化底蕴。作为中国西南地区重要的古都，曾经的政治、文化和经济中心，成都拥有丰富的文化遗产和众多历史文化名胜，这些名胜古迹既是成都的文化瑰宝，也见证了成都在人类历史文化中的重要作用。

（一）"生活城市"惬意美好中散发着独特城市气质

成都是一座宜居的城市。一首名叫《成都》的歌曲火遍大江南北，唱出了成都的独特生活，也让成都一时间成了旅行的必来之地。成都在西部地区乃至全国来说，经济发展状况还是非常不错的。一般而言，经济发展水平比较高的地方，人们的生活节奏通常比较紧张，但成都人好像总是有那么多时间坐在茶馆里喝喝茶、打打麻将。这是何等的悠闲自在，让很多来到这里的人舍不得离开，在这里生活是最安逸的，处处充满烟火气息。

成都是一座安逸的城市。成都既能够给人以绿树成荫、花草遍地的感官之美，同时还能够让人体会历史文化带来的韵味，愿意花一些时间停下来歇歇脚，看看、听听那段历史里的城市。城市浓厚的历史文化氛围，总能在不经意之间

沃野天府

让你体会到老成都的样子。当你走在成都大街上，一个太阳神鸟的标志瞬间就能把你拉回到古时成都，让你感叹于千年之前成都匠人的精神和气派。宽窄巷子、春熙路、武侯祠、杜甫草堂、金沙遗址、青城山等，看似是一个个旅游景点，但当你走进去后才发现这些都是老成都的历史记忆，承载的是古今成都的文化交汇，让你不禁会对这些历史肃然起敬。因此，不管你是在成都街头走累了想坐下来小憩片刻，还是希望脱离烦恼出来透透气、散散心，这些古老与现代的氛围都会让你体会到生活的惬意和放松，与历史的每一次碰撞都会让你在繁华城市和烦乱生活中独享安静。在成都随处都能找个地方喝喝茶、聊聊天，没人会用异样的眼光看你，你可以在走走停停中享受生活的随心所欲。

成都是一座美丽的城市。成都在建设公园城市的过程中，将城市的名胜古

浣花溪公园（史雅莉 摄）

迹、青山秀水与城市生活融为一体，处处皆风景。成都的旅游资源丰富，而这里最值得去的地方，恰恰是大大小小、随处可见的300多个公园。公园是最凸显城市生活的场景，在成都就有人民公园、浣花溪公园、塔子山公园、温江公园、龙泉山森林公园等，城市的绿道系统更是市民休闲、运动、观景的最佳去处。这些地方生态环境优美，人文配套设施也较为齐全，却没有浓重的商业氛围，能够让生活充满放松和惬意。

（二）"时尚之都"与现代都市的交融

1. 成都"时尚之都"的独特吸引力

成都的休闲和潮流，代表这座城市既有传统的市井烟火，也有世界潮流的现代兼容。成都的"世界旅游名城""国际美食之都"等名号早已名扬海内外，无数人都奔向这座繁华、包容、充满活力的城市，寻找属于自己的那份闲逸和激情。成都凭借城市的商业底蕴和巨大的消费潜力，吸引着亚洲乃至全球的知名企业入驻，《2022年度成都首入品牌研究》显示成都在2022年共计引入708家"首店"，众多世界知名的高端或独立品牌产品都在成都占有一席之地。成都以其"时尚消费力""时尚商业潜力"和"时尚文化力"三个维度的排名第一，位列新时尚之都指数排行榜第一。随着消费升级时代的到来，更多的时尚品牌看中了成都年轻的创意、时尚的美学潮流场景等，满足了人们个性化、差异化、多元化的需要。

2. 成都城市时尚魅力的文化底蕴

城市时尚魅力的来源，不仅取决于小部分人对时尚的理解，还在于一个时代、一个城市所推崇的生活方式，这是一群人潜移默化中改变我们生活的一种

沃野天府

杜甫草堂（史雅莉 摄）

行为，成为引领社会进步的一种方向和选择。成都人不仅在乎霓裳羽衣曲、胖瘦美丑观、风格品牌名，更将自己的选择融入社会生活，成为这个时代被人们崇尚的价值观念和生活方式。成都人可以包容很多千奇百怪的想法，敢于尝试不同的风格和形式,这是一种面对生活的态度。因此可以说,成都有中国最热情的消费者和最活跃的生活气息,随意和安逸给了创意经济和文化艺术得天独厚的土壤。近几年,在这样一片能够包容观点的土壤中,形成了一股时尚领域的"成都淘金热",越来越多的国际时尚品牌、潮流元素汇聚成都,其背后何尝不是这个城市本身文化底蕴的魅力所在。不仅如此,成都传统的文化符号和文化元素也逐步走出国门,被更多人所熟知。

3. 成都现代都市的产业支撑

时尚不仅是一种理念和生活态度,更形成了现代都市不可或缺的重要产业,也正是这些理念、态度和产业与人息息相关,这种时尚也成为现代都市的特征,并延展到整个城市的文化肌理之中。成都将传统生活方式与现代时尚的商业模式相结合,持续推动高端商业的扩张,以及各种时尚品牌的强劲增长。因此,成都现代都市的时尚,已不仅仅停留在悬在空中的思想,而是衍生到更加广泛、饱满、生动、充满烟火气与人情味的底层逻辑。时尚产业已成为成都的新动能、新经济、新潜力,更成为城市现代化及城市能级提升的关键。在此逻辑下,时尚且现代的成都,其背后折射的是城市经济的升级之路。未来的成都还将进一步提升城市影响力、城市文化沟通力和全球传播力,一个国际范儿的时尚且现代的都市成都也将跃然于人们眼前。

(三)"善治之城"超大城市高效能治理之道

1. 让人触手可及的社区治理提升幸福感

社区是城市最基本的单元,对于这个最基本单元的治理则展现了国家和城市的实力。放眼全球,对社区精细化的治理已成为城市发展的潮流。在城市从区、县到街道，最终人们生活和居住都会或长或短地停驻在社区，这是一个与家联系最为紧密的地方。成都现有城乡社区规模总数超过4300个，社区所实际服务的人口规模也超过2000万，面对社区存在的停车难、养老难、物业服务不规范、社区服务人手短缺、经费不足等众多问题，社区治理中的诸多难题和短板，正让成都这座幸福城市里老百姓的幸福感逐渐"打折"。为让这些"消失"的幸福感回归，成都的做法是改变过去单纯强调治理的理念，让科学发展和有效治理良性互动。面对"大城市病"，秉持"城市的核心是人"理念和"人城产"营城逻辑，重新定位社区发展价值和治理功能，并行摆位、一体推进、重心下移、资源下沉为社区赋能。同时，通过下沉的服务及时回应百姓的期待，让群众得到实际利益，让广大的群众参与日常的治理。

2. 找到让社区"活"起来的支点

打造具有吸引力的城、吸引众多有活力的人，都要将发展的思维、发展的眼光、发展的格局聚焦到社区治理之中。而社区治理，要在可持续发展中实现，不能仅靠政府力量，也不能仅靠居民的自治，需要有源源不断的各种资源注入。这些资源的注入不是政府和外部力量对社区的无条件馈赠，而是应该成为撬动社区治理的支点、居民参与共治共享的支点、社会多方力量联动的支点。成都在社区治理中探索出了让社区发展治理得以"活"起来的逻辑，就是要让社区治理发挥政府主导作用，确立企业的市场主体地位，引入对社区治理的商业化逻辑，从而能够为社区治理中社会各方资源的参与营造和创造更多的机会，更好满足市民美好生活需要。

3. 治理好城市"美好生活圈"

2019年10月，成都市城乡社区发展治理工作领导小组办公室正式发布了《成都市城乡社区发展治理总体规划（2018—2035年）》，标志着全国首个市级城乡社区发展治理总体规划诞生。实际上，在2017年9月，成都就在全国率先成立了专门的社区治理机构——社区发展治理委员会，用以统揽全局来专项抓社区治理，从而打破了"九龙治水"的格局。成都始终坚持加快推进基层治理体系和治理能力现代化，努力让城市有变化、市民有感受、社会有认同，特别提出要将发展和治理有机统一。成都正加快建设以社区为圆心的15分钟生活圈。在这个圆圈中，老人步行几分钟便能到达菜市场，孩子上学不用穿过多条马路，市民下班后下楼几步路就可以运动……这是公共服务圈，也是市民的美好生活圈。基于此理念，成都提出要让市民日常生活所需的事，尽可能在步行15分钟的圆圈里解决，成都中心城区在三年内新建了超过2500余项的公共服务设施，越来越多的公共服务设施也在让成都的生活更加丰富和多元。

四、创新之城：
跻身区域创新城市"第一梯队"

在新一轮科技革命和产业变革蓬勃兴起的新时代，科技创新已成为区域发展的主旋律。成渝地区双城经济圈建设的国家战略将成都定位于建设具有全国影响力的重要经济中心、科技创新中心。近年来，成都在建设中国新的科技创新策源地、产业创新应用场和开放创新示范区等方面成效卓著，这既是现代化成都的新愿景，更是新名片。

（一）人才之城：魅力让人来了就不想走

创新之道，唯在得人，成都打造创新中心的信心源泉首先来源于这个城市对人才的吸引力。在《2022 引人才·促就业——中国城市大数据分析报告》中，京津冀城市群、长江三角洲城市群、粤港澳大湾区、成渝城市群对大学生就业有很强的吸引力，其中成渝城市群对于大学生的吸引力不断增强；《中国年度最佳雇主百强入围榜单》中，2019—2022 年，成都连续 4 年荣膺"中国年度最佳引才城市"；《中国城市人才吸引力排名：2023》报告显示，成都在中国城市人才吸引力排名中位列第 7 位。2022 年，成都人才总量达 622.3 万人，居全国第 4 位，其中国家、省、市高层次人才 4435 人，应届大学毕业生流入占比居全国第二，蝉联"外籍人才眼中最具吸引力的中国城市"。

成都有何魅力如此吸引创新人才？其魅力来源于国家战略、引才政策为人才创造的巨大发展空间。

一方面，成都的战略定位优势凸显。四川是我国发展的战略腹地，在国家发展大局特别是实施西部大开发战略中具有独特而重要的地位。在成渝地区双城经济圈建设的国家战略牵引下，成都作为四川省会城市，在加快建设国家中心城市和国际门户枢纽城市的进程中，正在快速演化为国内外重要的高能级的发展平台和载体，推动产业链、创新链、人才链、资本链加快融合，其为人才创造的发展机会前所未有。

另一方面，成都的人才政策蕴含巨大吸引力。下好求贤先手棋，敞开胸怀聚人才。近年来，成都围绕高动能的城市发展需要，引才政策更加积极、更加开放、更加有效。"蓉漂计划"硕果累累，"蓉漂"品牌深入人心。从"蓉漂计划"实施以来，成都已引进千名各类高层次创新创业人才、上百个顶尖创新创业团队，孕育出 36 家人才上市企业。招才的"蓉漂人才荟"，在国内外重要城市开展了 900 余场招才引智活动，签约近 20 万人；聚才的"蓉漂杯"赛事平台，累计吸引超 1400 个项目和 2300 余名海内外优秀创新创业人才；敬才的"蓉漂人才日"，让尊才爱才成为成都发展共识；育才的"蓉漂人才发展学院"，成为成都人才培育的重要摇篮。成都人才安居工程让人才备感温暖，建设了 10 万套人才公寓、构建起"租售补"并举的服务体系，让人才"来了就不想走"。2022年 7 月，成都推出了"人才新政 3.0 版"，启动实施了"支持成渝地区双城经济圈人才协同创新""支持创新主体引育战略科学家和科技领军人才""吸引集聚青年科技人才"等政策，成都的"春风化雨、润物无声"的服务供给，营造了人才都被看见、被尊重、被关怀的价值生态，塑造了城市尊才爱才的新名片，夯实了成都创新人才的持久竞争优势。

沃野天府

（二）科学之城：建设具有全国影响力的科技创新中心

现代化成都正在向科学之城大步迈进。成都既有具有全国重要影响力的科技发展基础，更有面向未来的发展能力。

第一，成都是我国重要的基础科学研究集聚地。当前，成都拥有四川大学、西南财经大学、西南交通大学、电子科技大学等64所高等院校，中科院光电所、核工业西南物理研究院等30余所国家级科研机构；聚焦电子信息、生命科学、生态环境等优势领域的天府实验室实体化运行；国家级创新平台增至217个，建成和在建国家重大科技基础设施达到4个；国家川藏铁路技术创新中心、国家精准医学产业创新中心在蓉落地；成都超算中心纳入国家超算中心序列，2022年全球创新指数排名第29位。

第二，成都科学城是战略科技"国家队"的根据地。成都科学城定位于建设具有全国影响力的科技创新中心科学高地、西部（成都）科学城创新策源地、成渝综合性科学中心主阵地、国家实验室和天府实验室承载地，是成都作为科学之城的核心动力源。国家科技战略力量之一的太行国家实验室已落户科学城。科学城已布局电磁驱动聚变大科学装置等重大科技基础设施和交叉研究平台12

西部（成都）科学城（史雅莉 摄）

个，引进"中科系""中核系"等国家级科研机构 25 家，引育清华四川能源互联网研究院等校院地协同创新平台 55 个，初步构建了"基础研究－技术攻关－成果转化"创新体系，汇聚高层次人才 418 名、高端科研人才 5000 余名；聚焦人工智能、集成电路、5G 通信、信息安全等数字经济重点领域，引进海康威视、商汤科技等重点企业 120 余个；持续完善高新技术服务业生态体系，引进高新技术服务机构 60 余个，培育高新技术企业 589 家。

第三，成都正在成为我国科创成果转化的重要载体。在全国率先出台政策支持科技成果权属改革，率先出台政策支持技术经纪人职称评定，出台拆除阻碍科技成果转化的篱笆墙的十条、新十条、三十条，成都推动科技成果转化历来敢为人先、敢于突破，让成都创新、成都智造成为成都科技创新的"代名词"。如何让源源不断的科技成果从实验室走向生产线？成都提出了依托重要的创新平台，建立跨区域创新策源＋成果转化协同创新模式，探索组建专业化、市场化成果转化运营公司；建立实验室＋基金＋公司＋基地的转化模式，推进原创成果沿途下蛋沿途孵化。成都拿出了"真金白银"牵手国内顶级高校，加速新型研发机构、产学研中心聚集；支持各区（市）县按"政府发榜＋能者揭榜"方式组建以成果转化为导向、市场化运营的新型研发机构，支持链主企业牵头组建体系化、任务型创新联合体，以揭榜挂帅赛马等方式开展技术攻关、产品研发。成都聚焦破题"中试"转化，涵盖平台建设、项目孵化、人才保障、中试项目、金融资本五个维度发力，打造科技成果转化创新生态新场景；建设高能级产业创投平台，培育全生命周期基金体系、搭建科技成果转化投资平台，聚焦生物芯片、类脑智能、合成生物、先进计算、量子科技、氢能等未来赛道布局孵化。

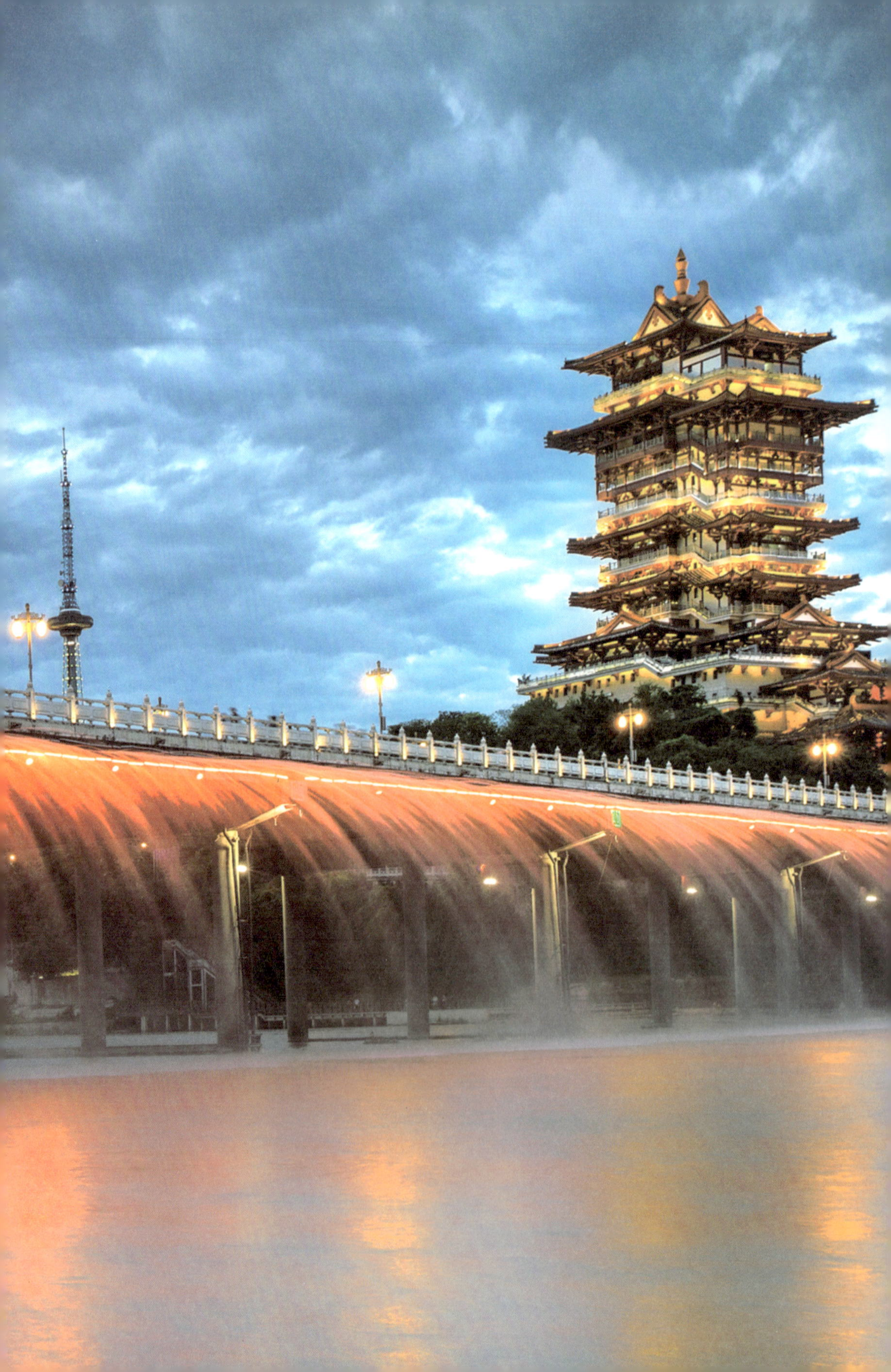

第二章

西部崛起的国家科技城
——绵阳故事

　　绵阳作为四川省第二大经济体,自公元前 201 年汉置涪县始,迄今已有 2200 多年的建城史。历来为郡县、州府治所,也是李白、欧阳修等文坛大师的出生地。不仅于此,绵阳城所孕育的硬核实力也不一般。作为我国重要的国防军工和科研生产基地,一代代科技工作者,在绵阳长卿山下的"两弹"事业中隐姓埋名。作为共和国史册里的三线建设重地,新时代中国的唯一科技城,习近平总书记多次对绵阳科技城建设作出重要指示,省委、省政府也高度重视绵阳科技城建设,全方位支持中国(绵阳)科技城加快发展。在成渝地区双城经济圈建设篇章中,作为成渝绵"创新金三角"的重要一角,绵阳正以奋发有为的势头不断奋进。

沃野天府

一、因科技而兴，因创新而盛

（一）响亮的城市名片：中国科技城

四川山美水美人美，是世界著名的旅游胜地。在这人杰地灵之处，孕育了全国唯一的科技城——绵阳。总面积2.02万平方千米的绵阳市位于四川盆地西北部，目前是四川第二大城市、省域副中心城市。绵阳建城已有2200多年的历史，历来都是州郡的治所，古代称"涪城、绵州"，后因位于绵山之南，故名

全国文明城市绵阳市（中共绵阳市委党校供图）

"绵阳"。这里是夏朝大禹的诞生地,是"诗仙"李白和"唐宋八大家"之一的欧阳修的出生地,也是丝绸之母嫘祖的故乡,古有"蜀巴水路交通要塞"之称,素有"富乐之乡"的美誉。

绵阳是一座新中国成立后发展起来的现代化城市,除了深厚的历史文化底蕴,更引人注目的是融入其城市现代化发展的科技基因——经党中央、国务院批准的我国唯一一座科技城。作为国防军工和科研生产的重要基地,绵阳拥有的中国工程物理研究院、中国空气动力研究与发展中心、中国航发四川燃气涡轮研究院等18家国家级科研院所,是其科技城市响亮的名片。

中国工程物理研究院物理实验设施(中共绵阳市委党校供图)

(二)科技报国、科技创新融入城市发展基因

翻开地图,绵阳位于西部内陆中心,地处涪江中上游,群山环抱,其地理位置与发展历程都极为独特。绵阳因科技而兴,"两弹一星"等国之重器就曾在

沃野天府

这里诞生,科技报国、科技创新早已融入绵阳的现代化城市发展基因之中,由科技凝结而成的城市精神,历久弥新。漫步于绵阳城的街道巷口之间,随时都可能与科技城的历史不期而遇。如成绵高速绵阳南的高速出口,伫立着一座中空的巨大雕塑,似一朵蘑菇云,好似诉说着原子弹成功爆炸时的喜悦;又如绵阳人民公园和邓稼先纪念广场上,邓稼先铜像静静地立着,仿佛欣慰地看着科研工作者们再攀高峰。

早在"一五"时期,国家已在绵阳布局了一批重要的电子工业项目。三线建设时期,又落地了一大批国防科研院所、骨干企业,还有诸如"两弹元勋"邓稼先、"氢弹之父"于敏等老一辈科研工作者的添砖加瓦。梓潼县的长卿山下,中国工程物理研究院院部旧址门口的五个大字——"中国两弹城",仍在静静地诉说着这里曾经的惊天动地事和隐姓埋名人。改革开放以来,绵阳始终秉承着"科技是第一生产力"的理念,科技兴市也早已深入绵阳发展基因。据统计,绵

中国国际人才市场国家科技城(绵阳)分市场(中共绵阳市委党校供图)

阳现有各类专业技术人才 23.7 万，建成国家企业技术中心 9 家、国家工程技术研究中心 5 家、国家重点实验室 10 家。自"十一五"时期以来，现累计荣获国家科技进步奖 64 项。

科技报国铺就的城市底色，至今都浸润着绵阳的城市发展。"世界上没有的东西我们都可以搞出来，国外已经做出来的东西我们为什么不能做出来！"一位头发花白的科研人员说。他坚守创新理念和创新自信 14 年，坚持"医用回旋加速器"——一种针对肿瘤筛查至关重要的高端核医学影像装备的研发，科研人员的朴实愿望如今已变为现实。2022 年 4 月 24 日，中国（绵阳）科技城核医学高峰论坛暨首台国产医用回旋加速器正电子药物制备中心落成仪式举行，企业生产的国产医用回旋加速器设备现已投入临床使用。再如，西南科技大学将生态保育技术成功运用于九寨沟诺日朗瀑布的修复等工作中，这在国际上尚属首创，为世界自然遗产地钙华景观生态保护提供了新的科学认知和世界级的范例。绵阳城里还有很多类似的创新故事，也正因此，这座科技城正不遗余力地挖掘创新潜力，奋力加速成果转化，以昂扬奋进的势头大步朝前。

（三）加快建设中国特色社会主义科技创新先行区

作为全国唯一的科技城，设立至今，绵阳已有 1000 余项国家重点科研项目顺利实施。近年来，绵阳市获批建设国家创新型城市。2022 年，绵阳全社会研发经费支出达 239.5 亿元，全社会研发投入强度达到 7.15%，创历史新高。目前绵阳正加快建设中国特色社会主义科技创新先行区，不断培育发展新动能和新优势，力争为全省科技创新多作贡献。在绵阳科技创新先行区，绵阳科技城管委会在推进科技创新和科技成果转化上同时发力，将科技资源转化为先进生产力：一是建机制，搭建对接"桥梁"；二是促开放，集聚创新资源；三是建平台，打造服务载体；四是优环境，构建优质生态；五是强主体，培育创新产业。

沃野天府

绵阳科技城国际企业孵化器（中共绵阳市委党校供图）

在这五个主要方面的着力下，绵阳深入实施"科技顾问""科技助理"制度，累计收集各类成果和需求700余项，完成对接400余项；高质量举办第十一届中国（绵阳）科技城国际科技博览会；常态化开展"创新金三角·智汇科技城"等活动。同时，不断优化重点实验室的平台布局和功能定位，促进先进技术研究院等平台的提质升级，完善金融对科技创新的全生命周期支持，积极布局培育新赛道新产业，打造创新产业集群。浓厚的创新氛围、包容开放的城市精神，使这座科技城释放着持久的城市魅力。

二、产业强市，
在科技创新上的"闯"与"试"

（一）军民融合发展，浸润城市底色

绵阳是一座独特的城市，既有浪漫主义诗人李白出生地的文化浸润，也是 20 世纪国家三线建设时期的军工科研重镇。绵阳深处大陆腹地，既不靠海，也不沿边，更不是四川省会城市。但作为全国唯一的科技城，绵阳不负众望，历年来位居全省第二大经济体。时光穿梭，科技创新一直是绵阳城市发展的主旋律，军民融合发展已浸入城市底色。

在这半个多世纪里，国家三次赋予绵阳科技创新的光荣使命。绵阳与军工的不解之缘，奠基于"一五"时期。自 1958 年起，华丰无线电厂、涪江机器厂、长虹机器厂陆续在绵阳城落地建设。从 1965 年起，绵阳又作为国家三线建设重点地区之一，国家科研发展与军工的布局为城市现代化发展注入了"创新基因"。2000 年 9 月，党中央、国务院作出了建设绵阳科技城的战略决策，助力绵阳将富集的国防科技资源转化为现实生产力，这为绵阳城市发展打上了科技烙印，与科技创新的缘分愈加深厚。2022 年以来，绵阳更是承担起加快建设具有全国影响力的中国特色社会主义科技创新先行区的新历史使命，科技创新早已成为绵阳的核心价值和鲜明底色。

沃野天府

绵阳科技智谷5G产业园（中共绵阳市委党校供图）

　　党的十八大以来，党中央将军民融合发展上升为国家战略，而绵阳的城市发展史，其实也是一部中国的军民融合发展史。绵阳独特的城市发展轨迹，赋予了其因军工而兴的城市气质。作为我国重要的军工和科研生产基地，军工技术是绵阳城市发展的根基，更为城市的经济发展和转型奠定了坚实基础。1978年，邓小平同志明确提出"军工企业要走军民结合的路子"，这意味着以现代化为中心的国防工业军民结合开始提上日程。随即，1982年绵阳的军工企业开始探索"军转民"路子。

　　长虹机器厂曾以军工技术体系为基础，在军工转型的契机下，开始研发和生产民品电视机。在军工技术的支撑下，长虹迅速发展成为国产电视机知名品牌，企业销售规模从几千万突破到上千亿，一跃成为绵阳城市发展的支柱产业。绵阳城里，随处可见与长虹相关的城市名片。但随着市场化的发展，领域内企业技术的更新换代，长虹也曾陷入低谷。曾经的辉煌，时刻提醒着长虹科技创新是企业的生命力。至今，长虹仍是一家集军工、消费电子、核心器件研发与制造为一体的综合性跨国企业集团。

　　长虹的转型发展之路，是绵阳众多军工企业的缩影。军民融合发展，现在

第二章 西部崛起的国家科技城——绵阳故事

科技部授牌的全国唯一军民两用技术交易平台（中共绵阳市委党校供图）

已是寓军于民，相辅相成。成立于 2017 年的九洲防控科技有限公司（以下简称九洲防控），是军民融合发展中的新生命。它是四川省首家专业从事无人机防控系统研发生产和销售服务的军民融合企业，总公司是与长虹同期的老牌军工企业——九洲集团。九洲防控虽然还较年轻，但其研发和管理人员从事"低、小、慢"飞行器防控研究已近 20 年。随着低空领域的开放和无人机产业的兴起，在与之相关的基础设施安保、航空飞行安全等领域，无人机防控需求应运而生。凭借多年来积累的技术，九洲防控积极探索现有军用技术如何转化至民用产品，为客户提供专业的、定制化的服务，并已在党的十九大安保、成都双流机场净空区防护、昆明南博会低空安保等场合运用。成立至今，九洲防控采取的是"两条腿走路"。一个是军品，即可独立承担国家的重点型号任务；另一个是民品，不断拓展民品市场。同时，还兼顾国内和海外两个市场，在不同市场中发现新应用需求，研究攻克技术后，又能反哺其他市场需求，军民融合发展是相

沃野天府

辅相成的过程。

　　长虹、九洲防控等军工企业多年的科研积累，为民品制造奠定坚实基础，成为开拓民品市场的原始动力，同时民品的发展又反哺了技术研发和升级。技术本身没有军民之分，两者皆可相互促进。在绵阳城里，还有另外一种军民融合，即民用领域技术发展后反哺军品。当下，军民融合创新转化体系，既应允许军转民，也应支持民"参军"，以更加有力地促进技术转移转化。诸如，绵阳麦思威尔科技有限公司，是从事水性纳米以及石墨烯高端特种涂料的国家级高新技术企业，2022年工信部授予公司国家专精特新"小巨人"企业称号。公司主打产品是为机械装备穿上一层高科技"外衣"，从而增强其防腐耐磨度和性能。该企业的产品具有完全自主知识产权，技术处于国内领先水平，军工产品也迫切需要这种先进技术的加入。为此，绵阳市成立军民融合办公室，专门负责引导和支持企业"参军"。军民融合的成功发展，离不开绵阳市以军民融合为特色的全面创新改革，不仅促进了绵阳老牌军工企业

位于绵阳科创区的四川大型科学仪器共享平台（仪器共享网）（中共绵阳市委党校供图）

的转型升级,也以不断吸引科创企业来绵创业和发展,浸润着绵阳城市发展底色。

(二)长虹智能制造产业园,助力城市发展

长虹抓住科技与产业变革的机遇,在推进新型工业化进程中焕发生机,已成为世界品牌和国内制造业的知名企业。近年来,长虹又以工业互联网为抓手,加速数字化转型与智能战略,积极助力推进绵阳城市的高质量发展。走进绵阳高新区的长虹智能制造产业园,可实地探秘科技长虹是如何实现"产业报国"的。

长虹智能制造产业园中,一台55英寸的超高清智能电视显示屏上,正播放

长虹智能制造产业园智慧显示工厂生产线(中共绵阳市委党校供图)

着篮球赛事，画面中清晰可见运动员额头上的细密汗水。这台显示屏厚度不足1毫米，采用了9层光学膜复合结构，达到4K超高清电视的视觉效果。眼下，长虹超高清智能电视，凭借国内首条"5G+工业互联网"生产线，以及更健康护眼、更节能省电的产品优势，越来越多地走进家庭。在长虹智能制造产业园的中央控制大厅，透过大厅中的屏幕，可看见这条智能电视生产线上的每一个微小数据。据悉，这条"5G+工业互联网"生产线，长虹拥有自主知识产权，3年间已应用于机器视觉、工业机器人、边缘计算、5G与工业互联网技术等。在生产车间中，工人与机器配合娴熟。一条生产线上有6个并行工位，可同时生产6种不同的产品，一天可生产1100件不同产品。

时针回拨到2020年1月15日，长虹"5G+工业互联网"智能电视大规模定制生产线的第一台产品顺利下线，意味着此项目已满足"中国制造2025"行动纲领中彩电大规模定制与快速交付的要求。如今，该生产线全流程订单交付周期保持在11天以内，而在此之前，一台电视从"出生"到"出厂"需要至少3个月以上。凭借这条目前国内最先进的智能电视大规模定制生产线，长虹以这种实打实的智能制造能力，服务着行业、消费者和地方经济发展。电视机大大缩短的"成长时间"侧面表明，以长虹为代表的中国制造企业，已经在5G时代实现了数字化、智能化的转型领路。未来，长虹将继续从产业协同、工业互联网、供应链、物流运输等维度，持续为成渝地区双城经济圈建设贡献"长虹力量"。

（三）"云上两城"——"云上大学城""云上科技城"

如果说科技创新是绵阳的立市之基，那么创新要素就是绵阳的动力源泉。要持续擦亮中国科技城的金字招牌，就必须不断打破创新资源的空间限制。"云上两城"便是绵阳以全球之视野、借四海之力、汇八方之才的生花之笔。创新

第二章 西部崛起的国家科技城——绵阳故事

资源的空间限制阻碍着绵阳经济社会高质量发展，但同时也坚定了绵阳"招揽"创新资源的决心。"跳出绵阳看绵阳、跳出四川看绵阳"，绵阳是这样说的，也是这样做的。2022年，绵阳启动"云上大学城""云上科技城"建设，旨在畅通创新要素流动、优化创新资源配置、促进创新成果转化。与以往闭门转化的底层逻辑不同，绵阳站在全球视角下，敏锐把握创新要素在全球范围内的集聚流动，创造性地以"云上两城"为抓手，绕开线下建大学城的形式桎梏，塑造着面向全球的开放创新生态圈。

"云上好友"，现已一批又一批地加入到绵阳科技创新发展的队伍中。厦门大学、中国科学技术大学等23所国内知名高校和来自斯坦福大学等院校的27个顶尖团队已入驻"云上两城"。"云上两城"在启动建设的短短一年多时间内，已面向签约入驻的高校和团队发布了400余项关键核心技术攻关需求项目，20余项揭榜挂帅项目和20余项对接技术需求合作项目，已突破100余项关键核心技术、培育了300余家科技领军企业，技术合同交易额超过20亿元，使绵阳的

2022年6月，绵阳"云上大学城"入驻签约仪式（中共绵阳市委党校供图）

沃野天府

城市现代化发展更具有活力与动力。

（四）绵阳高新区——从"产业孤岛"到宜居宜业

1992年，国务院批准25个城市建立国家高新技术产业开发区，绵阳正是这1/25。绵阳高新区大力发展电子信息、汽车及零部件、新材料等特色优势主导产业，以加快建设全国一流高新技术产业园区为战略目标。十余年风雨兼程，绵阳高新区终是硕果累累、不负众望。国家知识产权示范园区、国家首批科技服务体系试点园区、全国"十佳电子商务园区"、2020中国先进制造业百强园区……这是绵阳高新区一个又一个"小名"，也是一张又一张精致的"名片"。

接续奋斗、务实笃行，绵阳高新区不囿于过往取得的成就，而是将之化为全力谱写新篇章的信心与勇气。2022年4月，绵阳市委、市政府下发《关于开

位于绵阳高新区的长虹智能制造产业园（中共绵阳市委党校供图）

展"园区提质""企业满园"行动助推高质量发展的通知》，在全市国家级、省级开发区（园区）和市级工业园区开展"园区提质""企业满园"行动，"一年转形象、两年见质效、三年大变样"，三年行动计划绘就园区发展的美好蓝图。2022年，绵阳高新区紧跟市委、市政府战略部署，以"园区提质""企业满园"行动为抓手，成功签约引进36个重大产业项目，新增45家有效高新技术企业。到年底时已有7家专精特新"小巨人"企业，16家入选国家及省级"专精特新"企业，67家入选创新型中小企业。全区研发经费支出占GDP比重达8%，连续3年位居全国前列。三年行动首年，绵阳高新区被评为四川省"5+1"重点特色园区、全省优秀开发区、全国高质量发展百强园区，提质行动成效卓著。

"既要金山银山，更要绿水青山。"绵阳高新区科学发展、经济繁荣的景象背后，绿色一直是与之相伴相生的底色。俯瞰科技城集中发展区，草溪河波光粼粼，静卧其间，河道内阶梯式月牙状挡水别出心裁，水草游鱼生动活泼，两岸花草树木错落有致，林荫小道穿行其中，清新的空气令人心旷神怡，各式建筑散落旁；停车休憩区、游人休闲区、母婴室、小卖部应有尽有。走出科技城集中发展区，蓝天、碧水、绿地依旧。绵阳高新区紧紧围绕中央、省、市关于生态文明建设的重要指示精神，以改善生态环境质量为目标，把生态文明建设融入全区经济社会发展各个方面和全过程。2013年以来，全区就环保相关问题，下发决策部署类文件和工作落实类文件各百余项，逐步形成了党政主导、部门联动、企业治理、社会监督、公众参与的多元共治共享格局。2016年，以大气、水、土壤污染防治为主的"三大战役"在绵阳高新区全面展开，"蓝天、碧水、绿地"三线治理齐头并进。

2018年，道路提升改造行动在绵阳高新区开展，高新区火炬东街就是一个具有代表性的缩影。走进高新区火炬东街，道路中间的绿化带里陈列着社会主义核心价值观宣传牌，昔日积水坑洼的路面变得平整美观，港湾式公交站台、自行车停放点、人行道绿化景观、路灯照明系统、休闲座椅等城市元素点缀其

沃野天府

间，一个个城市元素让人目不暇接。高新区东街社区与辖区俱乐部利用俱乐部闲置场地为居民打造的文化活动中心，是居民最喜爱的文化休闲场所之一。在这里，居民可以以各种优惠价格享受休闲娱乐服务，附近的环卫工人还能吃上免费热饭、喝茶、歇脚，可谓一举多得。火炬东街社区党委书记说："希望这个活动中心能让居民有家的感觉。"除此之外，公办学校建设三年行动计划、"公司 + 支部"居家灵活就业新模式、市政设施建设和棚户区改造……一件件民生实事在高新区开花结果，一座宜居宜业的现代化城区正悄然崛起。

三、开放活市，积极服务和融入新发展格局

（一）服务大局：加快建设成渝科创副中心

"加快建设中国科技城、全力打造成渝副中心"，这是2023年初，中国共产党绵阳市第八届委员会第五次全体会议上明确的绵阳现代化建设奋斗目标之一。绵阳始终坚持从全局谋划一域，以一域服务全局。从成渝地区双城经济圈建设的宏伟蓝图中努力追寻自身的坐标和方向，全力打造成渝副中心的丰富内涵也随之清晰：全力打造成渝副中心就是要全面建成成渝经济副中心、成渝科创副中心、成渝消费副中心、成渝金融副中心、成渝教育文化医疗副中心和西部陆海新通道重要枢纽。近年来绵阳不断创新改革，推出一项又一项科技创新激励机制，如"云上大学城"、"云上科技城"、院士（专家）小镇、科创基金小镇、"人才十条"、"科创十条"、"金融十条"。创新的土壤正在加速形成，成渝科创副中心现已初具雏形，其中30千米长的涪城科创大走廊令人瞩目。

涪城区作为绵阳的主城区，拥有优质的产业基础，发展势头强劲。涪城科创大走廊是涪城区实施《"园区提质、企业满园"2022—2025年行动计划》的一项重大成果，是涪城区紧扣助力打造成渝科创副中心，按照"一环、两区、多点"布局，在科技城新区涪城片区科学规划的全长30千米、辐射70平方千

米的科教产研全面融合的创新高地,这项经验做法在"园区提质、企业满园"首年告捷之际获得肯定并全省推广。涪城科创大走廊贯穿绵安路、二环路、绵江路与科技城大道形成"一环",科技智谷科技创新区、环西科大创新创业区相融互动是谓"两区",5G和卫星应用科技园、智能传感科技园、中科(绵阳)创新园、中关村科技园、国家大学科技园、创业黑马等15个高能级科创平台集聚,18个省级以上重点实验室、8个省级以上工程技术研究中心、2家技术专业示范机构、2家瞪羚企业、31家高新技术企业、460家科技型中小企业等在此汇聚,故曰"多点"。"一环、两区、多点"的涪城科创大走廊上,专业平台沿线串联、科创企业沿链聚合、科研院所协同创新,科创发展一片欣欣向荣。

(二)交通先行:西部内陆走向开放前沿

中国科技城日新月异的变化背后,离不开交通基础设施的配套跟进。近些年,绵阳持续推进交通攻坚大会战,内外联通的交通大格局正在形成。由于地处成都、重庆、西安"西三角"中心,绵阳在西部陆海新通道中起着衔接主通道与西北地区综合运输通道的重要作用。绵阳秉持"实、早、细、快"四字方针,以综合立体交通发展促中国科技城现代化建设。2022年,绵阳坚持规划引领、未雨绸缪,10个公路项目推荐入选国家"102"重大工程,61个总投资1700亿元的项目纳入省"十四五"重点项目清单,争取上级交通运输补助资金39.46亿元,同比增长26%,达历史新高;257个交通项目纳入省"三区三线"划定成果并获自然资源部批复,一次性提前解决三个五年规划重点交通项目用地问题。

既重视项目申报,也不放松项目落实。前期工作方面,绵阳根据待建项目清单,逐个规划前期工作任务、明确时间、划定责任、定期跟进前期工作推进情况、建立专班攻坚前期工作重点难点、统筹市县"一盘棋";投资运行方面,制订全市项目建设和投资计划,细化分解年度投资任务、建设进度,建立"周监测、月调度、季通报、年考核"机制；项目推进方面，统筹推进铁路、公路、民航项目建设。铁路方面，绵阳持续推动成绵动车公交化运营，建设绵遂铁路填补东西向铁路通道空白，以成兰铁路打通中亚、欧洲新通道，全面建成"十"字高速铁路骨架；公路方面，"十四五"期间，高速通车和规划建设总里程突破 1200 千米，形成"二环九射九联"布局，将实现县县双高速，同时串联涪江流域经济带，实现广元、南充、遂宁、德阳、阿坝通两条以上高速；民航方面，新开通大连、青岛、温州等航线，增加与京津冀、长三角、大湾区等国内航线数量，建成北川通用机场，加快南郊机场迁建前期工作，新开工江油通用机场，积极推进国际航线开通，加快建设成渝世界级机场群。铁路、公路、民航重点项目实现"三箭齐发"，绵阳正大步走向开放前沿。

（三）高水平办好科博会，提升开放平台能级

绵阳，一个富有魅力和活力的城市，蕴藏着丰富的科学知识和创新灵感，这里每年都会举办一场科技盛会——中国（绵阳）科技城国际科技博览会（简称科博会），这是向世界展示这座城市在科技领域创新的华丽舞台，来自世界各地的科研机构、创业公司和科学家们纷纷前来参展。他们带来最先进的科技产品和项目，展示各个领域的科技成就。人工智能的神奇魅力，在这里展现得淋漓尽致；机器人的智能表演，将观众带入未来的奇妙世界；智能交通系统，让人们领略到城市未来出行的便利和安全。

在科博会期间，还会有一系列高端论坛、研讨会、经贸促进和科技人才交流活动。这些活动将众多国内外的专家学者和企业家汇聚在一起，分享他们的科研成果和实践经验。大师们的演讲，如音乐般美妙动听，将知识和智慧融入每一位听众的心灵深处。与顶尖科学家面对面的交流，让参观者感受到了前沿科技的力量，不断引发人们更深入的思考和探索。科技体验区堪称整个科博会

沃野天府

2021年9月8日，以"创新引领·科技赋能·合作共享"为主题的第九届中国（绵阳）科技城国际科技博览会在绵阳开幕（中共绵阳市委党校供图）

的一颗明珠。这个互动性强、创意无限的区域，给参观者提供了一个与科技亲密接触的机会。在这里，可以亲身体验智能家居的奇妙，穿越虚拟现实的迷人世界，甚至触摸未来的科技奇迹。参观者的脸上洋溢着好奇和惊喜，仿佛置身于科技的魔法世界，感受到了科技的力量和无限可能。

科普教育也是科博会的重要环节。科学实验室、创客工坊等展区，成为孩子们培育创新思维的摇篮。在这里可以亲自动手进行实践操作，探索科学的奥秘。未来的科学家和发明家们，可能正因为这样的机会而在这里发现了自己的梦想和热情。科博会不仅是一场科技的盛会，更是一次心灵的洗礼。参观者在这里了解到绵阳在科技创新方面的杰出贡献。科博会也为参观者和科技专家、企业家提供了交流的平台，促进了科技产业的发展。

四、文化润市，
家国情怀与科技精神互相滋养

（一）梓潼长卿山下：中国两弹城

绵阳城西北，群山连绵，功名深藏。绵阳的两弹城是我国继青海之后第二个核武器研制基地的总部所在地，位于梓潼县长卿山西麓，是中国工程物理研究院院部旧址，也是教育部首批全国中小学生研学实践教育基地、国防科技工业军工文化教育基地、全国社会科学普及基地、九三学社全国传统教育基地，被列为第三次全国文物普查100大文物新发现、第二批全国工业遗产、全国红色旅游经典景区，是被国务院批准为第八批全国重点文物保护单位的"三线核武器研制基地"。说起原子弹，人们脑海中总会浮现出中国第一颗原子弹试爆成功时那一望无际的大戈壁。直到新疆罗布泊上空蘑菇云升起的多年后，绵阳梓潼县这个曾经消失在地图上的地方，终于开始为人们所了解。

20世纪60年代，党中央面对帝国主义的武力威慑，面对核大国的核垄断，作出把核基地转移进山沟的重大战略部署。选址初期，主要考虑在川黔两省进行考察，坚持重要项目进洞、农田占用少、水电交通基础设施就地利用、生活区小城镇化等原则和"依山、分散、隐蔽"的方针。经过对川黔两省71个县的考察，最终确定在梓潼、剑阁、安县等地建设"902"基地，并经中央专委批准。

沃野天府

位于绵阳梓潼县的两弹城（中共梓潼县委党校供图）

梓潼从各方面来看都是非常理想的选址，因此决定在梓潼设立基地总部，并以梓潼为中心建设其他各所。二机部第九研究设计院（简称九院，对外称国营曙光机械公司）总部设在梓潼，院总部机关及医疗、后勤保障设施设在县城近郊长卿山麓的白家湾，在梓潼的交泰、玛瑙等乡镇则分布着本部下属的五所、十所等研究所。

1965年，"902"工程指挥部举行了进驻梓潼后的第一次全体干部大会。1969年，九院从青海"221"基地搬迁到梓潼县城"902"基地，梓潼成为我国第二阶段核武器科技事业发展的科研基地。1996年7月29日，在邓稼先先生逝世十周年这一天，我国最后一次核试验组织指挥工作在"902"基地圆满完成。在这里，邓稼先、于敏等科学家孕育出"热爱祖国、无私奉献，自力更生、艰苦奋斗，大力协同、勇于登攀"的"两弹一星"精神，铸就了"铸国防基石，做民族脊梁"的核心价值观。

第二章 西部崛起的国家科技城——绵阳故事

1983年5月,在参观"902"基地时,发现机关、院部分散,交通不便,就医难等问题,时任国防部部长、中央军委副秘书长的张爱萍提出,从山沟里搬出所有的机构,向绵阳郊区集中,打造一座中国式的硅谷城。当年9月,根据张爱萍将军的建议拟作的《关于核工业部九院建设布局问题的请示报告》得到批准。经过8年的艰苦奋斗,1991年,占地面积52平方千米、建筑面积150万平方米的绵阳科学城,在九院全体同志的不懈努力下落成。建成当年,"902"基地的科研所就陆续搬到了绵阳科学城,科学城的办事处也在次年从梓潼县搬到了这里。九院的各种闲置资产逐步移交到梓潼县,"902"基地成了过去式,却也渐渐开始为人们所熟知。由于九院在我国原子弹、氢弹武器化方面的卓越贡献,"两弹城"便成了九院老院部的"大名"。

如今的两弹城,仍完整地保留着20世纪60年代的167处建筑,来到绵阳

两弹城邓稼先旧居(中共梓潼县委党校供图)

"两弹一星"红色旅游研习营、两弹历程馆、三防教育馆、两弹模型馆、邓稼先旧居、廉洁教育馆、国魂碑林等陈列着"两弹一星"丰功伟绩，诉说着两弹功臣的赤胆忠心。

（二）"干惊天动地事，做隐姓埋名人"

走进邓稼先旧居，这里已充满了岁月的痕迹和历史的沧桑，却也保留着最朴素的样子。在这里，阳光透过树荫洒在桌椅上，邓稼先就是在这里夜以继日地伏案工作，度过了人生中重要的14年。邓稼先从事原子弹研制工作后的28年间处于"隐姓埋名"的状态。28年里，只有偶尔回北京汇报工作时才能与妻儿短暂相聚，其余的时间都住在青海和四川的研制基地。直到报纸上刊登"中国原子弹爆炸成功"的消息后，妻子许鹿希才得知，邓稼先真的是在搞原子弹。

来到王淦昌旧居，醒目位置上保存着一个木质行李箱，上面写着"王京"两个字。在王淦昌投入核武器研制任务前，曾三次与诺贝尔奖擦肩而过的他已经享誉世界物理学界。如果这时接受研制核武器的任务，就意味着他将在世界学术界销声匿迹。对此，王淦昌只给出了六个字——"我愿以身许国"。在梓潼两弹城，他改名王京，隐姓埋名整整17年，直到1978年才被解密。

依托两弹城红色资源，梓潼正打造新时代红色教育新高地。2023年以来，梓潼县在红色旅游中以弘扬"两弹一星"精神为核心，以探秘"两弹一星"真迹、追寻"两弹一星"历史、聆听"两弹一星"故事、感悟"两弹一星"伟业、传承"两弹一星"精神为特色线路，推出亲历者访谈《不忘初心跟党走 "两弹一星"铸国魂——我们那些年》、情景剧《英雄·丰碑》、音乐思政课"两弹组歌"、话剧《一辈子》、歌曲《星空之上》……通过故事讲述、情景再现、歌曲演唱等表现形式，展示老一辈科学家"伟业从一块石头说起""一辈子的坚守"

第二章　西部崛起的国家科技城——绵阳故事

位于绵阳梓潼县的航天科技馆（陶鑫 摄）

等经典故事，大力弘扬"两弹一星"精神，不断推动着红色文化在中国式现代化建设新征程上展现新的活力。

（三）抗震救灾精神的发祥地

5·12汶川特大地震纪念馆设在绵阳市北川县羌族自治县曲山镇任家坪村，这里是汶川地震的重灾区。走进纪念馆序厅，首先映入眼帘的是胡锦涛同志在抢险现场用洪亮而坚定的声音喊出的那句"任何困难都难不倒英雄的中国人民"。题字的一侧是一座以青铜铸造的名为"山川永纪"的浮雕群，巨大的浮雕将时间定格在那一刻——灾后的废墟堆成一座高山，一时间山河失色。好在英

沃野天府

雄的中国人民不会倒下,"警察妈妈"蒋晓娟、"芭蕾女孩"李月、"敬礼男孩"郎铮,浮雕上一张张熟悉的面孔扰动思绪,感人的一幕幕涌上心头。用自己的身躯死死护佑学生的人民教师、失去爱子仍坚守岗位的公安战士、给怀里孩子留下希望的坚强母亲……眼前耸立的已然不再是那座废墟,而是中华民族的脊梁,是中国人民"不畏艰险、百折不挠"的英雄气概!

汶川特大地震人员伤亡惨重,也使灾区人民赖以生存的家园遭到毁灭性破坏。就在汶川大地震发生一个月后,中共中央正式决定:举全国之力,对汶川地震灾区进行对口援建。中央一声令下,19个对口援建省市肩负神圣使命,带着700多亿元援建资金奔赴灾后重建战场。在5·12汶川特大地震纪念馆二楼展厅里,有一个挂满了各地对口援建工作指挥部牌子的橱窗,山东省援建北川工作指挥部、广东省对口支援汶川县灾后恢复重建工作组、山西对口援建茂县前线指挥部……在这段面对灾难坚强前行的日子里,举国上下用实际行动凝聚

中国唯一的国家级地震主题纪念馆(绵阳市委党校供图)

出"万众一心、众志成城"的伟大抗震救灾精神。

　　新冠疫情防控期间，纪念馆通过线上方式充分发挥纪念馆的教育宣传功能，凝聚起全国人民战胜疫情的信心和决心，常态化推出一系列线上活动。诸如开展"宅家抓学习"线上课堂活动，开设团结一心抗疫情——中国精神中国力量、党史故事分享等课堂；开展重点文物故事、地震故事、历届地震纪念馆杯优秀作品等"云游博物馆"活动；开展"亲历者口述史"活动，将每一组口述史剪辑成10分钟的短视频和1分钟的精华片段向人们讲述抗震奇迹。5·12汶川特大地震纪念馆认真贯彻习近平总书记重要指示精神，紧紧围绕"红色文化主阵地、抗震精神标识地、文化保护示范地、文旅融合试验地"的发展定位，积极探索构建数字化公共文化服务体系，创新开展新媒体宣传工作。绵阳正努力成为对外展示中国发展道路、讲述中国发展故事的重要爱国主义教育基地和窗口。

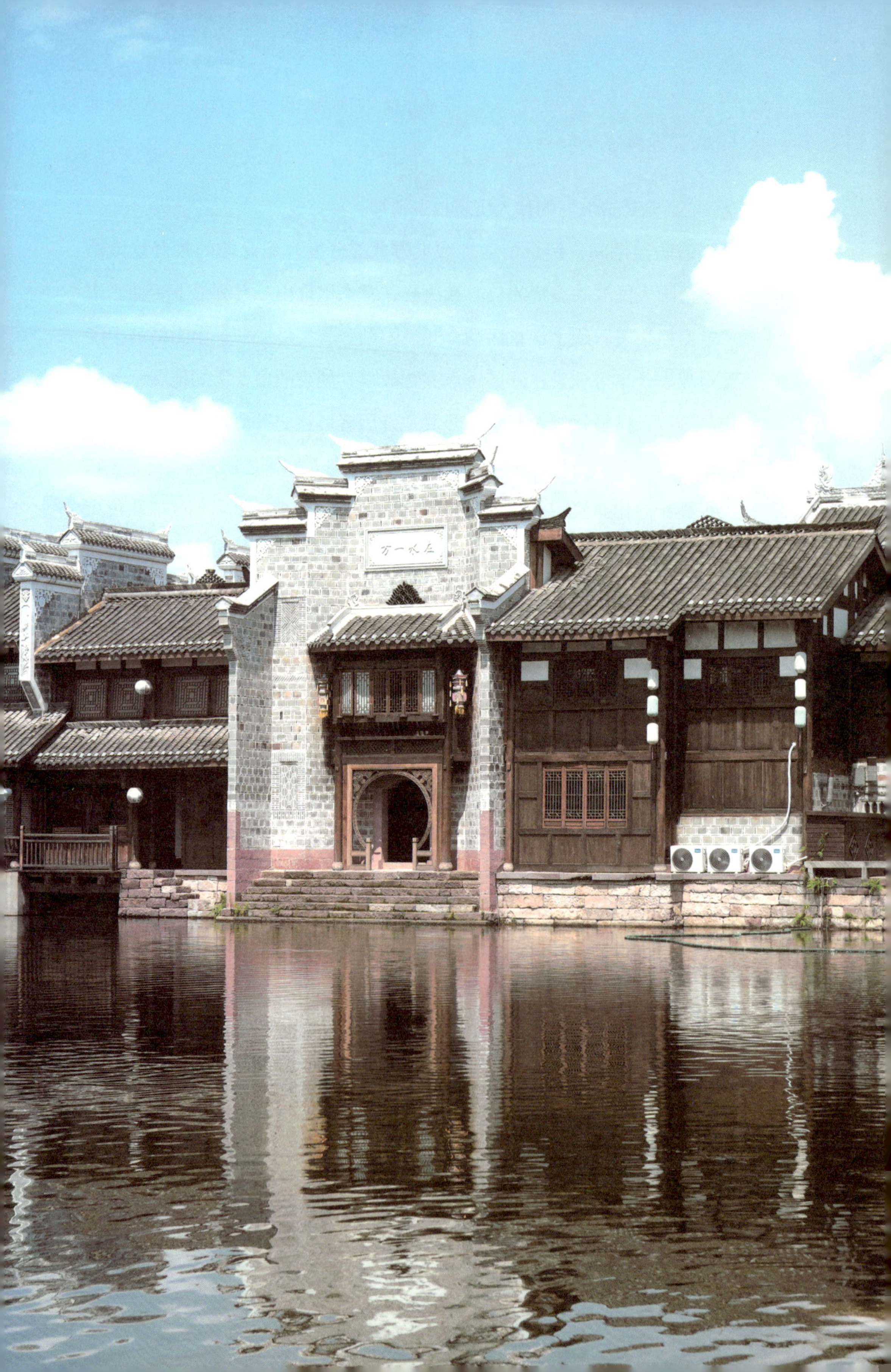

第三章

"万里长江第一城"
——宜宾故事

  宜宾市地处金沙江、岷江、长江交汇处，川渝滇黔接合部核心区域，是国家重点建设的 63 个全国综合交通枢纽城市、50 个铁路枢纽之一，辖 3 区 7 县，有四川首个省级新区——三江新区。宜宾有"万里长江第一城、中国酒都、中国竹都、中国动力电池之都"之称，有 2200 年建城史、3000 多年种茶史、4000 多年酿酒史，是国家历史文化名城。宜宾历代名人辈出，养育了李硕勋、赵一曼、阳翰笙、唐君毅、余泽鸿等革命先烈和文坛大师，积聚了多姿多彩的长江文化、古城文化、酒文化、僰苗文化、哪吒文化、抗战文化等。2019 年以来，宜宾市地区生产总值在全川排名从第四位上升为第三位。

沃野天府

一、建设生态优先绿色低碳发展先行区：筑牢长江上游生态屏障

  2022年6月，习近平总书记在四川宜宾三江口考察时指出："保护好长江流域生态环境，是推动长江经济带高质量发展的前提，也是守好中华文明摇篮的必然要求。四川地处长江上游，要增强大局意识，牢固树立上游意识，坚定不移贯彻共抓大保护、不搞大开发方针，筑牢长江上游生态屏障，守护好这一江清水。"这是对作为万里长江第一城的殷殷嘱托，也是对宜宾筑牢长江上游生态屏障的重要要求。宜宾市铭记关怀，感恩奋进。

宜宾三江汇流（兰锋 摄）

（一）传统产业转型升级

宜宾的传统产业中，白酒产业以五粮液最为有名。如何在"双碳"时代大背景下，持续做好"酒文章"，促进传统白酒产业转型升级，是宜宾必须重视的问题。宜宾市提出，以服务五粮液集团发展为核心，充分发挥龙头企业的带动作用，大力培育规模以上白酒企业，加快形成白酒企业竞相发展良好态势，进一步壮大白酒生产规模，打造世界级浓香型白酒主产区核心区。支持五粮液高质量倍增工程建设、创建国家白酒制造业（产业）创新中心、国家白酒酿造重点实验室、国家酿酒专用粮工程技术中心三大行业创新制高点，打造全产业链闭环品控体系。支持五粮液全面建设一流的智慧零售、数字化管理、数字业务创新体系，打造高质量发展新动能新优势。鼓励规模以上白酒企业新建窖池，扩大生产规模。宜宾市开展精准招商引资，做好强链、补链、延链文章，努力打造产业链条完备的白酒产业集群。全面分析白酒上下游产业链，针对产业链各环节开展精准招商，固强补弱，推动"强链、补链、固链、延链"取得实质性进展。与国内知名的大型酿酒粮种植企业、酿酒专用粮供应商建立长期合作关系，推动酿酒专用粮专业化供给服务。

（二）新兴产业"无中生有"

过去宜宾的"一黑一白"两大支柱产业，黑为煤炭产业、白为白酒产业，是其经济原色。随着煤炭产业调控式微、白酒产业周期起伏，承担"共抓大保护、不搞大开发"绿色低碳发展新使命的宜宾，亟须突破自然资源的限制、产业的难处、动力提升的困境。

危中藏机。近年来，宜宾坚持以生态优先、绿色低碳发展为指引，狠抓新

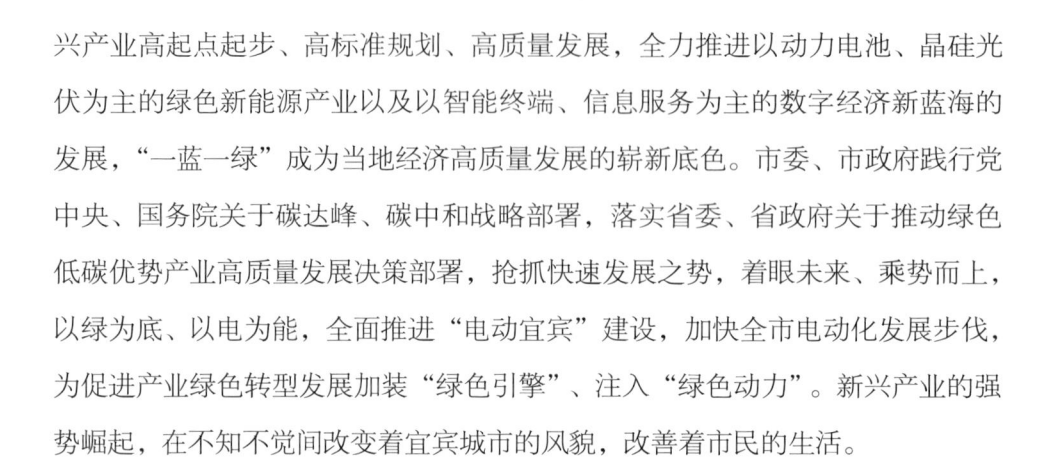

兴产业高起点起步、高标准规划、高质量发展，全力推进以动力电池、晶硅光伏为主的绿色新能源产业以及以智能终端、信息服务为主的数字经济新蓝海的发展，"一蓝一绿"成为当地经济高质量发展的崭新底色。市委、市政府践行党中央、国务院关于碳达峰、碳中和战略部署，落实省委、省政府关于推动绿色低碳优势产业高质量发展决策部署，抢抓快速发展之势，着眼未来、乘势而上，以绿为底、以电为能，全面推进"电动宜宾"建设，加快全市电动化发展步伐，为促进产业绿色转型发展加装"绿色引擎"、注入"绿色动力"。新兴产业的强势崛起，在不知不觉间改变着宜宾城市的风貌，改善着市民的生活。

（三）树牢上游意识，扛起上游担当

2023年7月，四川省委、省政府专门出台《关于支持宜宾建设生态优先绿色低碳发展先行区的意见》，支持宜宾建设生态优先绿色低碳发展先行区。作为四川南向开放枢纽门户，长江首城宜宾正朝着降碳、减污、扩绿、增长，建设生态优先绿色低碳发展先行区的目标加速迈进。

宜宾也曾苦于面临"化工围江、污染绕城"等生态环境问题。近年来，宜宾牢固树立上游意识和扛起上游担当，在治污、减排、生态修复三个方面同时发力，深入实施长江、金沙江、岷江生态综合治理，完成中心城区6个森林公园和1个滨江公园的改造；2022年宜宾域内长江干流地表稳定达到Ⅱ类水质；治理后的三江口再现鸟飞鱼跃的喜人盛景，长江两岸江风习习、碧波荡漾；长江首城随处可见蓝天白云、绿意盎然、鱼翔浅底……

一江清水是宜宾的资源禀赋，也是宜宾人持之以恒守护的特色优势。不仅折射出宜宾江之变，更浓缩着宜宾对生态文明建设持之以恒的追求和坚定不移的决心。

二、国家历史文化名城：
　　文化底蕴多姿多彩

（一）古城（古街）文化：西南半壁古戎州

宜宾地处云、贵、川三省接合部，自古为兵家必争之地。北周、隋直到唐初，这里都是要冲之地。唐太宗贞观六年（632年），戎州都督府下辖17个羁

五粮液酒圣山及其部分建筑（侯刚 摄）

沃野天府

縻州，极盛时下辖64个羁縻州。这64个州不仅涵盖今宜宾辖区，还包涵今云南省内37个州、贵州境内7个州，当时戎州都督府辖域面积，大约是今天宜宾市辖域面积的10倍，其重要的战略地位，堪称"西南半壁"。虽然宜宾"西南半壁"之称可追溯到唐朝，但是其真正得名是在清代。书法家顾汝修曾出任过驻安南的公使，他深知宜宾在西南所具战略地位，于是特意选"西南半壁"四字书赠宜宾。如今，该匾额高悬于宜宾城市中心的大观楼，见证了宜宾的发展与宜宾的历史。

拥有2200多年建城史的宜宾，拥有非常厚重的历史积淀。集中体现在多处别具特色的古镇古街。

李庄古镇：号称"万里长江第一古镇"。古镇位于宜宾市东郊长江南岸，有1460年建镇史，是长江边上的千年古镇。李庄作为历史文化名镇，至今仍完整保存着18条明清古街巷，其中席子巷是李庄古街巷的代表。同时有建筑四绝：文昌宫、奎星阁、禹王庙、张家祠。在抗战时期，作为中国抗战大后方的四大文化中心之一，李庄与重庆、昆明齐名。故宫的数千箱珍贵文物曾艰辛转运来李庄，中央研究院、中央博物馆、中国营造学社、金陵大学、同济大学等十多家国家级高等学府和研究机构纷纷迁驻李庄，在一定程度上这里延续了中华的文化。抗战时期这里成为中国知识分子汇集的地方，如李济、傅斯年、陶孟和、吴定良、梁思成、林徽因、童第周等都曾在这里居住过。

龙华古镇：位于屏山县屏山镇南37千米处，始建于宋朝，至明清时期形成现在规模，为国家级历史文化名镇。相比其他已经钢筋水泥翻修痕迹严重的古镇建筑，这里完整保留了明清时期川南民居的风格。镇上建筑多为木质结构的古屋，多为平房或者一楼一底式。古镇一侧海拔891米的山峰上，一尊神秘的大佛尤其出名。这尊32米高的八仙山大佛，是世界第一立佛。

横江古镇：有大街7条，小巷10条，历史建筑规模13500平方米，完好率达90%。横江镇具有悠久的历史，油房坝、打渔岩、黄鳝沟、石城山先后发掘东汉墓群40余座。北宋时于横江设水寨，元代于横江设巡检司，清代于横江张窝设京铜专运局。横江镇里的"石城书画院"一度成为宜宾书画爱好者云集之地，有"书画之乡"的美誉。

冠英古街：宜宾城区保存最完整的清末古街。冠英古街保留了川南传统民居风格，入选四川省第二批历史文化街区，整个冠英街民居列为市级文物保护单位。据说以前这里有个观音阁，因之得名"观音街"。1940年，以谐音取名冠英街，旧时，此街多为富家"公馆"所在，大体为砖木结构平房或一楼一底楼房，均有石柱大门，院落多为两进或三进的四合院，门窗雕刻十分精致。在冠英街的两端，还有明代的古城墙和千年放生池的唐朝石刻，与这条清代古街相互辉映。

（二）酒文化：中国酒都

作为中国白酒文化发祥地之一，宜宾的酿酒史至今已有4000多年。有史可考，诸如先秦时期僚人酿制的清酒、秦汉时期僰人酿制的蒟酱酒、三国时期鬃鬃苗人用野生小红果酿制的果酒等。凭借得天独厚的自然生态环境和传承千年的酿造技艺，宜宾成为名副其实的"中国白酒之都"。在宜宾市郊之北、催科山下，北宋文学家、书法家黄庭坚发现了催科山下有一处裂谷极有特色，便效仿东晋书法家王羲之兰亭集会时"曲水流觞"的意境，利用这峡谷的地形和天然流出的泉水，修建这千百年来闻名遐迩的流杯池。宋文化、酒文化在这里有着浓厚的历史痕迹。1909年，一种名为"杂粮酒"的五谷佳酿被更名为"五粮液"，从此锻造出一个传世名牌、一段延续至今的酒业传奇。

除了自身历史和酿造工艺，五粮液还打造了丰富多样、规模宏大的五粮液工业旅游区。鹏程广场是五粮液打卡点，由五粮液标志性建筑物——五粮液瓶楼、五粮神女、人面鹰身雕塑等组成。五粮液瓶楼高74.8米，2003年被评为

"全球规模最大的实物广告"。

（三）竹文化：中华竹都·最美竹海

宜宾优越的温、光、土、水条件孕育了多类竹种繁衍生息，是全球竹类生长最适宜地区之一，全市现有原生竹种13属58种，竹林面积居全省第一，是四川竹资源最富集地区和"川南竹产业集群"的核心区域，全国十大竹资源富集区之一。宜宾市竹加工产业历史悠久、特色鲜明、门类丰富。1944年中国第一张新闻纸诞生于宜宾、1951年江安竹簧工艺作品在巴拿马太平洋博览会上获金奖、2007年江安竹工艺列入中国非物质文化遗产。经过多年发展，宜宾已经形成了竹浆纸、竹浆粕、竹纤维、竹食品、竹建材、竹家具、竹日用品、竹工艺品等多门类的竹加工体系。

同时，宜宾市不仅竹类资源富集，高品质的竹林景观更是丰富。目前宜宾已建成以竹为主题的旅游景区9家，其中4A级景区4家、3A级景区3家、2A级景区2家。依托竹资源，宜宾开发了以江安竹簧工艺为主的竹旅游商品上千种，以蜀南竹海全竹宴为主的十多个大类100多个菜品。蜀南竹海作为宜宾"竹之美景"的代表，是"世界上集中面积最大的天然竹林景区"，清风徐来，极目之处，尽皆竹浪，北宋文人黄庭坚一句"壮哉，竹波万里"道出了蜀南竹海的气魄和雄浑。

（四）茶文化：长江首城，茶韵宜宾

宜宾种茶源远流长，我国第一部地方志《华阳国志·巴志》和世界上第一部茶叶专著《茶经》明确记载，宜宾是世界茶叶的发源地之一，人工种植茶叶历史有3000多年；《华阳国志·巴志》还记载，世界茶叶历史上最早的贡茶，是3000多年前僰侯贡奉给周武王的"僰道贡茶"。自秦开五尺道以来，宜宾茶的醇香，循着南丝绸之路和茶马古道的马帮驼铃，走进了欧亚大陆，深受世界各国人民喜爱。

宜宾是历史上著名的茶马古道和茶马互市所在地。宜宾以茶易马，最早出现于唐代，但直到宋朝才成为定制。宋代，宜宾城内根据朝廷诏令，对茶叶进行免税限购，老百姓购买茶叶五斤以下供家食者免税。南宋蜀地著名的八大茶马互市，宜宾城和长宁就占了两个。到了南宋后期，政府不再允许民间私自出境销售茶叶，因为这是朝廷用来与乌蒙地区交换军马的重要物资。叙州地方政府还规定："凡私贩茶叶者，杖一百并受刑三年，拒捕者斩；不准私自贩茶出城，茶叶一律由官府收购后以茶易马。"

宜宾的茶树在全国茶区中发芽早，采期长，其鲜叶嫩度高，芽毫披露，加上采摘及时、制作精良、上市快，因而形成了"早，嫩，快，好"的四大特色，在全国独有。宜宾是全国最大、最具影响力的"早茶重点区域"和"长江中上游特色出口绿茶"重点区域，有"中国早茶之乡"和"世界著名茶乡"美誉，已连续举办了16届中国宜宾早茶节，宜宾茶影响力不断增强。

（五）红色文化：一座具有红色基因的城市

宜宾是一座蕴含红色基因的城市，革命先烈朱德、李硕勋、赵一曼、余泽鸿等在这里留下了浓墨重彩的一笔。

朱德旧居：现位于宜宾市南溪区南溪街道紫云社区官仓街，是一座双厅三进四合院建筑，是朱德同志在护国、护法战争时期与南溪进步女青年陈玉珍婚后居住生活长达6年之久的地方，也是朱德同志走上共产主义道路的始发地。这里很好地保留了朱德同志在南溪居住期间的房屋原貌，是集居住和家庭小手工业作坊于一体的清末民初的典型川南民居建筑。南溪朱德旧居陈列馆内基本陈列名为《从此天涯寻正道》，主要展示朱德同志革命思想发展历程和川南地区晚清城市建筑风貌格局和地方小手工制糖业文化。2021年，南溪朱德旧居陈列馆被命名为"四川首批中小学红色教育研学旅行实践基地"。

赵一曼纪念馆：建于1960年，是为纪念中国共产党的优秀党员、杰出的抗日民族英雄赵一曼而建，馆址位于四川省宜宾市翠屏山景区，馆舍系清代木结构建筑——翠屏书院（省级文物保护单位）。

1995年12月，赵一曼纪念馆被四川省委、省政府命名为"四川省第一批爱国主义教育基地"。1997年，被列入全国首批百个爱国主义教育示范基地。2009年，被评为国家三级博物馆。馆内现有馆藏文物751件，其中革命文物157件（一级文物11件、二级文物16件、三级文物53件）。2021年，赵一曼纪念馆被命名为"四川首批中小学红色教育研学旅行实践基地"。

目前，纪念馆有内部展厅6个，展览主题为"甘将热血沃中华——赵一曼烈士事迹展"，包括序、启蒙·抗争、觉醒·磨练、抗战·救亡、坚贞·殉国、铭记·奋进六大部分，全面展示了抗日民族英雄赵一曼在中国共产党的坚强领导下，为中华民族独立和复兴英勇献身的一生。

李硕勋纪念馆：坐落在高县庆符镇硕勋公园内，纪念馆主体为一楼一底仿古建筑，土黄琉璃瓦圈顶式，乳白色墙体，整体格调简洁明快，朴素大方。广场中央矗立着李硕勋烈士汉白玉雕像。纪念馆内陈列了许多李硕勋烈士的珍贵照片和资料，记录了李硕勋烈士在峥嵘岁月中留下的红色足迹。纪念馆以李硕勋烈士生平事迹为主线，通过文字、图片、影视、实物、实景还原等方式进行展陈布局，展示了中国共产党早期领导人李硕勋为革命事业作出的杰出贡献。

中共川南特委陈列馆：由中共川南特委陈列馆（主馆）和余泽鸿烈士故居（分馆）组成，依托四川省文物保护单位中共川南特委会议会址设立，两处展馆展厅面积共4800平方米，馆内基本陈列名为《中共川南特委展和余泽鸿生平事迹展》。现有藏品644件/套。

余泽鸿故居是革命烈士余泽鸿诞生、成长及曾经战斗过的地方。2018年，余泽鸿故居被宜宾市委、市政府命名为"宜宾市爱国主义教育基地"。2021年，余泽鸿故居被命名为"四川首批中小学红色教育研学旅行实践基地"。故居内设有余泽鸿生平事迹、生产生活陈列室和相关红军革命文化陈列室等，深入挖掘了中共川南特委、余泽鸿及川南游击纵队在长宁留下的荡气回肠的红色诗篇。

沃野天府

三、双城建设齐发力：
　　大学城与科创城崛起与发展

  2022年6月，习近平总书记在考察宜宾学院时指出："党中央高度重视高校毕业生就业，采取了一系列政策措施。当前正是高校毕业生就业的关键阶段，要进一步挖掘岗位资源，做实做细就业指导服务，学校、企业和有关部门要抓好学生就业签约落实工作，尤其要把脱贫家庭、低保家庭、零就业家庭以及有

宜宾三江新区一角（兰锋 摄）

残疾的、较长时间未就业的高校毕业生作为重点帮扶对象。""幸福生活是靠劳动创造的，大家要保持平实之心，客观看待个人条件和社会需求，从实际出发选择职业和工作岗位，热爱劳动，脚踏实地，在实践中一步步成长起来。"总书记的重要指示精神为宜宾指明了方向。

（一）国家首批产教融合建设试点城市

2021年，宜宾市入选国家首批产教融合建设试点城市，是四川省唯一入选城市。在四川省的支持下，宜宾按照"城市围绕大学建、产业依托教育兴"总体思路，构建"一区、双城、三园、四基地"产教融合城市新格局，成功探索出一条学、教、研、产、城一体发展的产教融合城市建设新路子。与2016年相比，2023年宜宾累计建成高校12所、增长5倍；在校大学生10万人，增长3倍；高新技术企业300余家，增长5倍；科技创新能力从全省第六位跃升到第三位。

时间回到2016年，当时只有两所高校的宜宾，提出大力实施"科教兴市、人才强市"战略，明确要以大学城建设为突破口，推动教育事业大发展。短短几年间，宜宾在校大学生由2.5万人增至10万人，并成功创建全国首批、西南地区唯一的国家产教融合试点城市。

高校的聚集，很快打通了"产学研一体"的创新链条。随着13所产业技术研究院和7个院士（专家）工作站的落地，宜宾"双城"赋能城市发展的效应更加深化，全市规模以上企业100%参与校企合作，累计签订校企合作协议项目近500个。

宜宾有了人才的加持，迅速构建起产业发展的"蓄水池"和"蓄电池"，宜宾正不断把人才"势能"转化为高质量发展"动能"。相信随着全国职业教育产教融合经验交流现场会的举行，宜宾将再乘东风，向着产教融合高效发展的目标，释放更多活力和可能。

沃野天府

（二）厚植人才创新创业沃土

四川宜宾，近年来始终将产业高质量发展作为强市之基。一方面，白酒、化工等传统产业在技术赋能下焕发新生；另一方面，动力电池、智能终端、高端设备制造等新兴产业迅速崛起，吸引大量国内外头部企业抢滩进驻。数据显示，2021年，宜宾地区生产总值首次超过3000亿元，连续三年增速位居四川省第一。产业发展突飞猛进，背后离不开技术人才的培养集聚。一支规模日益壮大、结构不断优化、素质逐步提高的技能人才队伍正加速建立起来。

三年来，宜宾市持续开展职业技能提升行动，其中开展补贴性培训14.41万人次。聚焦重点产业发展，鼓励校企合作，开展定单式、定向式培训，推动企校双师带徒、工学交替培养模式的建立，为产业发展提供智力支撑；聚焦乡村振兴战略，培育打造特色劳务品牌，"苗家惠嫂"上榜四川省首批"川字号"特色劳务品牌。

近年来，宜宾积极推动职业教育改革，提高职业教育质量，提升学生基本素养和职业能力，通过积极搭建多方参与的产教融合、校企合作信息服务平台，促进信息互通。如今，在宜多所本科院校、职业院校已经与在宜企业建立常态化沟通机制、校企对接常态机制。学校和企业共同研究确定专业动态调整，及时更新人才培养方案，明确培养目标、规格、路径。建立以市场为导向的专业建设机制，引导学校不断夯实传统优势专业，依托骨干专业拓展延伸前沿专业，根据市场需求开设新专业。通过专业与企业"一对一"合作加强，不少职教学生的职业认同感、职业归属感明显增强。

（三）念好就业"紧箍咒"

宜宾市坚持以习近平总书记来川来宜视察重要指示精神为指引，重点围绕

"如何以高质量就业助推经济高质量发展"进行破题，锚定"三个聚焦"攻坚克难、创新实干，交出了一份圆满的民生答卷。

在贯彻落实好中央、省委稳就业系列政策基础上，出台《实施十大工程促进高校和中职学校毕业生等青年就业创业政策措施》，从在校成长、就业服务、安居乐业等10个方面21条政策予以全力支持。创新实施"三个一批""两个兜底"专项行动，开展国有企业招聘一批、民营企业招聘一批、机关事业单位招聘（招录）一批和"就业训练营"提能兜底、离校未就业毕业生帮扶兜底，持续稳定和扩大高校毕业生就业。2022年组织"就在宜宾·职等你来"系列招聘活动215场，将岗位送进大学城；全市新招录、招聘、招引本科及以上大学毕业生1.01万人；开设"乐业宜宾"大学生就业冲刺夏令营，参训辅导员及大学生共2600名。大力实施人力资源服务品牌培育行动，推动宜宾人力资源服务产业园提档升级。目前，产业园已入驻企业41家，下步将协同川南四市共同创建国家级人力资源服务产业园；持续发挥兴文苗家惠嫂"川字号"劳务品牌带动效应，新认定"宜宾燃面师""高州巧手（蚕桑）"等4个市级特色劳务品牌；创新开展"点亮生涯·乐业宜宾"就业服务进高校品牌活动。

全覆盖开展产业工人和用工需求"两个调查"。2022年，市、县（区）成立重点企业招用工专研，建立技工院校、普通高校、重点人力资源服务机构组成的用工保障联盟。发挥好县（区）包企服务作用，按月下达用工保障任务，形成"五步工作法"（即一核、二定、三对接、四输送、五跟踪），着力破解企业用工难题。2022年，三江新区206家工业企业在职员工总数由年前的3.89万人增至5.44万人。依托宜宾人力资源服务产业园和114个劳务基地，建立起8000人以上的人力资源"蓄水池"，在企业订单急增、节假日等用工紧缺时段，为企业急需用工保驾护航。

沃野天府

四、脱贫攻坚向乡村振兴有效衔接：
乌蒙山下奏响奔康乐章

（一）情越山海，浙川东西协作结硕果

四川屏山县与浙江海盐县两地作为东西部协作的"全国典范"，在 2017 年

宜宾文江安县夕佳山镇文武村的五粮液专用粮基地（杨秋萍 摄）

因东西部扶贫协作结缘，通过"高位推动、共同谋划，高标推进、协同开发，高质招引、同频共振，高效服务、系统集成"四大协作理念，两地创新思路、优势互补、协作扶贫，仅三年推动国贫县的屏山脱贫"摘帽"，助力屏山县园区建设实现从无到有、由小变大。两地共建的浙川纺织产业园区先后获评"国家火炬生物基纺织特色产业基地""全国纺织产业转移示范园区"和国家乡村振兴局典型案例。

除了浙川纺织产业园区，嘉兴市海盐县助力屏山县建设茵红李产业示范园。自两县结对以来，海盐县选派农技专家与屏山县本土专家，组建三级专家服务团队，以改造链条式产业、解放果农生产观念、培育农村经营主体为抓手，打开大规模东部市场。

（二）现代农业绘胜景，沃野田畴展新颜

宜宾现代农业"5+2"产业体系，围绕酿酒专用粮、茶、竹、油樟、蚕桑、生猪、水产等特色农业产业，充分发挥在宜高校和科研院所的优势，并与本地农业企业、农民等形成"产学研"的协作模式，建立健全科学合理的利益共享机制，调动各方主体进行相关科研和实验工作的积极性，推广新的研究成果，有效提高农业生产效率。人才是实现农业农村现代化的关键。为进一步提高农业生产技术，应引进多层次的农业人才，配备良好的人才引进待遇，包括安家费用、人才补贴、薪资薪酬、住房政策等，完善知识产权保护和成果转让等方面的措施，切实保障引进人才的利益。宜宾尽力提升财政支农资金的利用效率，落实各项惠农补贴，进一步拓宽补贴的种类与范围，提高补贴标准，并形成有效的资金监管机制，保障财政支农资金和惠农政策能够落到实处。

农业产业化发展是实现农业农村现代化必不可少的一环，有助于提高农业产业链运作效率、促进农民增收致富。加大对农业龙头企业和合作组织的扶持，

大力推广"龙头企业＋合作社＋农户"的合作模式，既发挥好龙头企业连接大市场的作用，又发挥合作社组织、管理农民的优势，着力打造以企业为龙头、合作社为纽带、农户为基础的产业化联合体。与实施乡村振兴战略结合，打造优质乡村旅游产品和品牌，根据区位交通、地方特色、文化资源等进行合理布局，规划一批避暑旅游、红色文化乡村旅游、生态教育式旅游等乡村旅游目的地，培育高品质乡村旅游住宿产品，并根据多样化市场需求实施乡村旅游餐饮品牌创建工程。

（三）建好农村公路，勾勒乡村振兴美丽画卷

宜宾对农村公路建、管、养、运各方面给予制度保障和政策支持，近5年市级持续深化"农村公路＋政企合作"模式，引导五粮液集团捐资助建乡村振兴产业路1069千米，呈现出"路产融合、快速发展"的新景象。依托境内蜀南竹海、兴文石海两大景区，打造"三江两海、生态优美、交旅融合、路景一体"的竹生态旅游示范环线，通过示范引领，辐射带动，稳步推进"四好农村路"提质增效。率先完成全域试点，多渠道拓展运力，吸纳、整合乡村客运车辆，创新提供点对点、一站式接送服务，解决群众出行"最后一公里"问题。

五、构建善治宜宾共同体：
　　打通基层治理神经末梢

在基层治理领域，宜宾牢牢把握住所处之"时"、发展之"势"和空间之"场"，以更宽广的视野对城乡基层治理进行谋篇布局。尤其以中国式现代化指

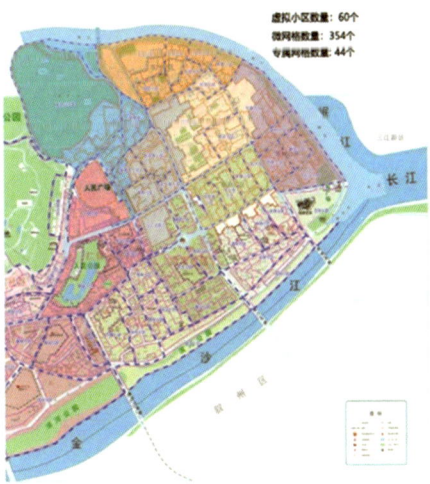

宜宾市翠屏区微网实格建设一瞥（翠屏区基层治理委员会供图）

引基层治理方向，持续朝着现代化区域中心城市的宏伟目标阔步前行。宜宾始终坚持党建引领，实施网格化管理、提供精细化服务、强化信息化支撑推动共建共治共享，以打造共建共治共享的"善治宜宾"共同体为目标，将基层治理作为现代化建设的重要内容，持续提升基层治理体系和治理能力现代化水平。

（一）重塑顶层设计，全面构建基层治理工作格局

推进城乡基层治理制度创新和能力建设，需要顺应变化，敢于破旧、不断革新、勇于创新，才能将改革创新这个"变量"转化为基层治理的"增量"，变"物理反应"为"化学反应"，走出一条新时代基层治理体系和治理能力现代化的新路。

一是健全一批治理机构。宜宾市委成立了城乡基层治理委员会及其办公室，在市委组织部增设部务委员专职城乡基层治理工作。市委组织部高位统筹，充分发挥牵头抓总作用，指导县（区）全覆盖组建城乡基层治理领导机构和工作机构，推动各地各部门工作、资金、资源、人员有效融合。在县级层面，县（区）全面完成党委书记任治理委主任调整，有3个县单设基层治理实体化工作机构，其余7个县（区）及省级新区三江新区全覆盖成立城市基层治理工作专班。

二是完善一套运行机制。宜宾制定市委城乡基层治理委工作规则和成员单位工作协调机制，建立定期例会、工作调度和通报督查等制度机制，形成治理办统筹协调、牵头单位分块负责、涉及部门共同参与的良好局面。对基层治理工作实行"三考一评"，即：纳入年度目标绩效综合考核、党政领导班子、领导干部政绩考核和党组织书记抓基层党建工作述职评议考核，支持人大社建委评议基层治理工作成效。将基层组织活动和公共服务运行经费、基层干部报酬、社区服务设施和信息化建设经费等纳入市级财政预算，村（社区）办公经费、为民服务经费等定期稳步增长机制方案基本成型待审，设立宜宾城乡基层治理

财政专项资金。

三是谋划一条治理思路。宜宾按照"一体两面、四轮驱动"的总体思路，以两项改革"后半篇"文章为主线推进现代乡村治理制度改革，以系统建设、整体建设为重点推进城市基层治理制度创新，以重要地区和薄弱领域为突破促进基层治理效能提升，切实加强基层治理体系和治理能力现代化建设。"一体"为根本，就是要坚持以习近平新时代中国特色社会主义思想为指导，构建与现代化建设相适应的城乡基层治理格局，打造共建共治共享的"善治宜宾"共同体。"两面"为导向，就是要坚持"治标与治本"相结合，既聚焦面上较为突出的显性问题开展专项治理，做到靶向发力、精准施策，又着力从根本上解决制约发展的深层次问题，强化系统治理、综合治理、依法治理、源头治理。"四轮驱动"为支撑，就是要聚焦聚力体系建设、能力建设、路径建设和示范建设，明确基层治理的主要内容。同时，持续推进网格化管理、精细化服务和信息化支撑，推动共建共治共享，切实推进基层治理体系和治理能力现代化建设，逐步描绘"善治宜宾"画卷，不断开创"善治宜宾"新格局。

（二）推进城市善治，重构基层治理现代化格局

城市是人员密集、风险多元之地，推进城市善治，必须以人的现代化实现为根本目标，重构基层治理现代化格局。宜宾着力科学优化城镇、社区、小区空间布局，重点构建符合城市发展需求的治理空间格局。

一是提升城市镇街承载能力。宜宾坚持"以产聚人、营城聚产"思路，提升"一城四区"14个街道吸纳人口能力、7个县城集聚辐射带动能力和33个中心镇社会管理能力，持续深挖城镇化发展潜力，力争2025年全市城镇常住人口达280万人。聚焦"产城融合、功能完备、职住平衡、生态宜居、交通便利"目标，统筹教育区、产业区和宜居生活区布局，提升城市发展能级，加快建设

现代化区域中心城市。顺应人口流动和集聚规律，加快推进以县城为重要载体的城镇化建设，实施县城补短板强弱项工程，推动县城公共服务、环境卫生、市政公用、产业培育设施提档升级，加强防洪、排涝、消防等设施扩能建设。加快编制完善国土空间规划，实施中心镇功能提升行动，增强辐射带动能力。

二是优化调整社区规模。从社区单元来看，按照四川省委"两项改革"工作部署，第一轮社区建制调整后，部分社区管理服务人口因新建小区交付、征地拆迁、旧城改造等出现激增或骤减，宜宾着力推进社区空间局部动态调整优化，本着"尊重实际、规模合理、稳妥有序、以人为本"的原则，统筹考虑传统社区、城乡接合部社区在人口分布结构、辖区面积、物理边界、服务供给、治理能力等方面的差异化因素，"三无"小区占比高的逐步调小，物业小区占比较大的逐步调大。

三是推进小区网格化管理。小区作为社区空间的重要组成部分，其治理和服务应更加精细精准。宜宾着力建好微网格，托起大民生。按300～500户标准重构城市社区网格，重点在城市老旧区域建设"四界清晰、虚实结合"的微网格（虚拟小区），形成"社区党组织—网格党组织—楼栋党小组—党员骨干户"四级架构，以社区大党委为统揽，广泛汇聚社会组织、新就业群体、驻区单位等力量，建立"网格发现、社区吹哨、部门报到"响应机制，切实解决民生诉求，纵深推动治理重心下移、力量下沉、服务下延。

（三）强化乡村善治，推进治理与发展同频共振

宜宾以乡村改革为突破，顺势而为、乘势而上，在全省率先启动实施乡村建制调整改革，推动城乡基层治理制度创新和能力建设。

一是围绕发展主责，优化乡村治理体系。村党组织是推动农村发展的战斗堡垒，宜宾坚持抓两头带中间，加强基本队伍、基本阵地、基本保障等"五个

基本"建设，推动村党组织全面过硬。抓好减负增效，各县（区）要明晰村级职责边界，整治阵地挂牌乱、检查考核多、资料负担重等突出问题，把村干部精力聚焦到抓治理与发展上来；理顺村党组织领导、村民自治组织和村务监督组织为基础、集体经济组织和农民合作组织为纽带、其他经济社会组织为补充的村级治理体系。推广新时代"枫桥经验"，依托县乡村三级矛盾纠纷调解中心，完善矛盾纠纷多元化解联动机制，重点排查化解婚恋情感、家事矛盾、邻里纠纷，严防"民转刑""刑转命"等恶性案件发生。

二是聚焦群众需求，做实分类精准服务。整合县级派出机构和乡镇力量，推动公共服务、综合治理、行政执法一体化，实现群众办事"一窗受理、一次办结"；做好外出农民工慰问联系，常态推送乡情村讯，支持鼓励返乡创业。同时，推广自主关爱服务机制，构建农村居家养老为主体、村组服务为支撑、机构养老为补充的养老体系；整合群团和公益组织力量，推进"童伴计划"等项目，加强留守儿童和未成年人保护；宜宾目前已形成诸多亮点示范经验，并成为多地推广借鉴的经验，如山湾十户经验在《中国组织人事报》刊载。

三是突出人的现代化，加强乡风文明引领。治理的核心是人，现代化的本质是人的现代化，要注重寓教于乐、以文化人、成风化俗，满足人的精神需求，推动思想观念、行为习惯、生活方式向现代化转变。聚焦风尚引领。把社会主义核心价值观有机融入"村规民约""家规家训"，依托新时代文明实践站、爱国主义教育基地、农民夜校等平台，引导群众听党话、感党恩、跟党走。开展乡村文化振兴省级、市级样板村创建，加快百姓舞台、文化广场等文体设施建设，支持发展农村坝坝舞、商业文艺演出团等文体队伍，结合传统节日、民间特色节庆、农民丰收节，举办"戏曲进乡村""百村春晚"等活动，把优质文化资源送到群众家门口。鼓励开展身边好人、文明家庭等各具特色的文明细胞创建活动，配套表彰授牌、红榜公示、贷款优惠等礼遇措施，增强先进典型荣誉感，弘扬社会正能量。

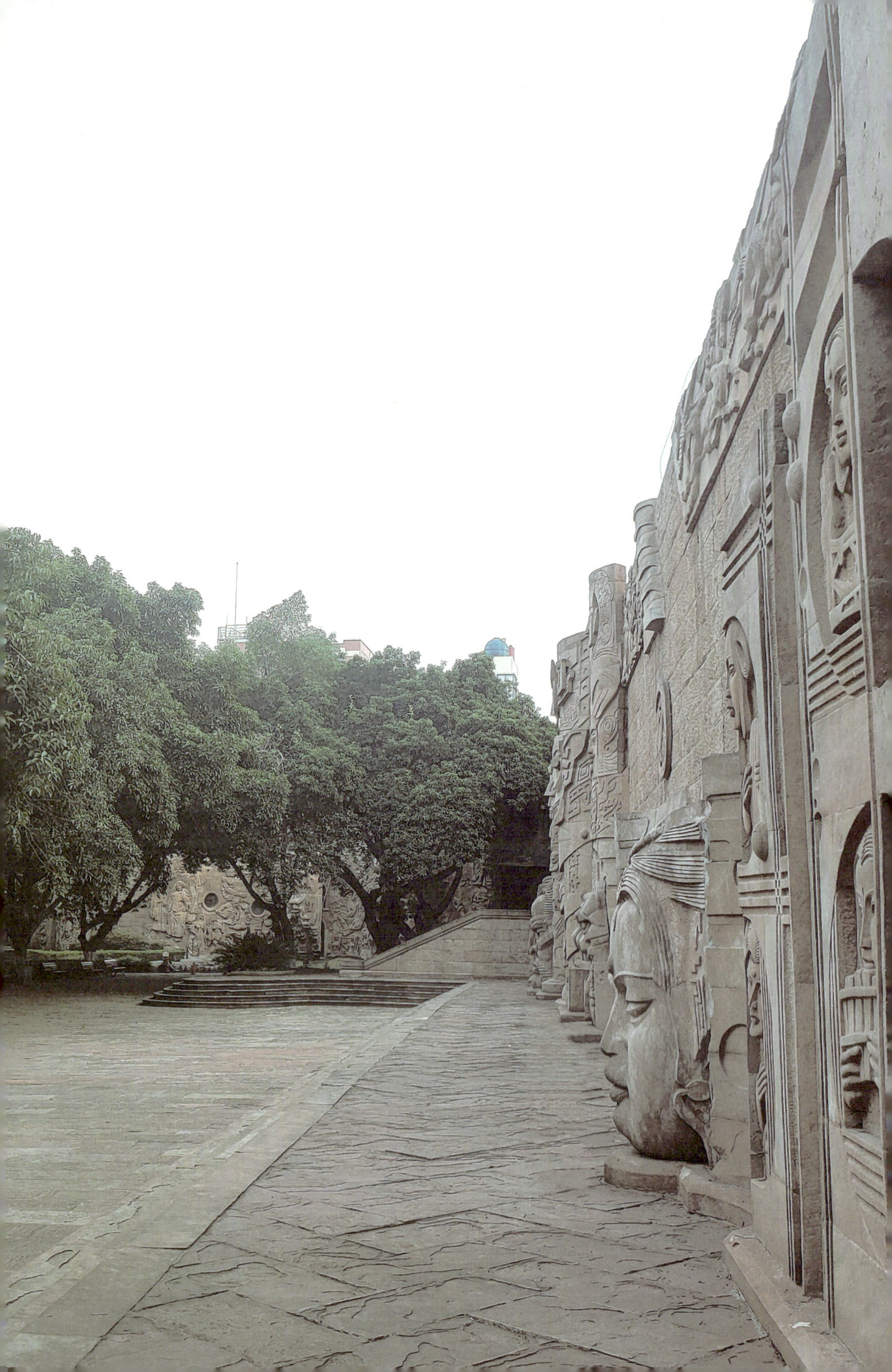

第四章

一座"智"造幸福的城市
——德阳故事

　　全球最大热功率 4 兆瓦化学链燃烧中试示范装置、白鹤滩百万千瓦水电机组、"华龙一号"和 F 级 50 兆瓦重型燃气轮机等一批国之重器先后问世于此;我国工业 41 个大类,这里有 34 个,其中发电设备产量世界第一;这里集平畴沃野、雪山森林、湖泊山川于一体,可以 1 小时穿越春夏秋冬,是全国文明城市、国家卫生城市、园林城市、森林城市……这里就是德阳,它的血脉里流淌着工业蓬勃发展的因子,它的大脑里印满了追寻美好宜居生活的执念,在不断推动经济社会发展质量变革、效率变革、动力变革的过程中,一座"智"造幸福的城市正强势崛起。

沃野天府

一、重装之都的蝶变：
从"制造"迈步"智造"

三星堆精湛的青铜冶炼工艺为德阳这座城市留下了古老的制造基因，三线建设则唤醒了这片土地沉睡千年的制造血脉。如今，在高质量发展的新征程上，德阳更加注重创新驱动，更加注重绿色发展，更加注重数字赋能，不断推进制造业迈向高端化、智能化、信息化，实现了重装之都的"智造"之变。

（一）"铸造基因"崛起硬核德阳：从三星堆到三线建设

"沉睡数千年，一醒惊天下。"被誉为"长江文明之源""世界第九大奇迹"的三星堆遗址一次又一次"上新"，掀起一轮又一轮的"三星堆热潮"。"好人好马上三线，备战备荒为人民"，在催人奋进的号召下，大批一心为国家奉献、不怕苦不怕累的三线建设者们奔赴三线战场，谱写出共和国建设史上一部波澜壮阔的史诗。二者之间有何联系？一脉相承的铸造基因是其间的信使。

1. 三星堆的铸造智慧

三星堆的发现很偶然。1929年，在四川广汉月亮湾，村民燕道诚与儿子在挖沟引水时偶然挖出一些玉石器，首次发现了三星堆的秘密，也叩开了古蜀文明紧闭数千年的门扉。

青铜人头像（蒋敏 摄）

商青铜立人像和商青铜神树（朱颖秋 摄）

历经数次科学发掘，三星堆接连上新：1、2号祭祀坑出土了凸眼巨耳的青铜纵目面具、通高2米多的青铜大立人像、近4米高的青铜神树；在二次挖掘中3至8号祭祀坑出土了全国最大的大口尊、国内同时期最大的金面具、国内唯一科学考古发掘出土的圆口方体铜尊、器型独特的顶尊跪坐人像，我们可以看到每张青铜人像神态表情的逼真刻画与细腻描绘，可以看到青铜神坛繁复造型中所蕴藏的古蜀先民精湛的青铜铸造技艺……2023年7月26日下午，习近平总书记到三星堆博物馆考察指导，在察看这些文物时，赞叹"现代人也没有这种想象力、创造力"。

2. 三线建设的火热华章

20世纪60年代，毛主席大手一挥，拉开了三线建设的序幕。在时代热潮之中，德阳作为三线建设重点地区之一，迎来了从传统农业小县向世界性工业城市转变的历史契机。西南重型机器厂、德阳水力发电设备厂、东方汽轮机厂、东方电工机械厂、德阳耐火材料厂等一批三线企业先后在德阳落地生根，奠定了这座城市坚实的工业基础，也唤醒了这片土地沉睡千年的制造血脉。

一段波澜壮阔的历史背后是数百万建设者辛勤的身影，李家楦就是其中之一。1965年，刚从大学毕业的他，跟着三线建设大军来到德阳城郊，成为一名"二重人"。不久，李家楦团队就接到了一个大型保密科研项目"6170"，研制4米2轧机，生产军工特种钢。在那个工业基础薄弱的年代，这项任务的难度不言而喻。为顺利完成任务，等不到使用钢铁做模型，他们就找木头加工替代；没有专家指导和设计资料，他们就对着杂志封面照片反复研究；为了能看懂外文杂志，他们苦练外语……正是凭借这份为国争光的雄心壮志、这份不断钻研技术的干劲闯劲，德阳收获了一个又一个骄人成绩：20世纪70年代初，由二重为主设计制造的4.2米特种钢板轧机诞生，结束了我国不能生产特宽特厚钢板的历史；1970年，东电成功研制出当时世界上最大尺寸的葛洲坝11.3米轴

第四章 一座"智"造幸福的城市——德阳故事

三线建设博物馆（朱颖秋 摄）

流转桨式水轮，并于 1981 年成功并网发电；1980 年，东电首次向美国出口了 4200 马力的发电机组，开创了我国成套机电设备出口发达国家的先河……一份份沉甸硕果，一个个光辉坐标，凝结的是德阳"三线人"几十年、几代人的接续奋斗。

3. 制造基因的传承发展

从三星堆到三线建设，跨越千年，不同的故事在同一片土地接续上演，积淀出一脉相承的铸造基因。如今，德阳拥有国机重装、东方电机、东方汽轮机、东方风电等一批具有国际影响力的龙头企业，培育了英杰电器、特变电工、思远重工等民营企业，研制了全国 60% 的核电产品、50% 的大型电站铸锻件、40%

的水电机组、30%的火电机组和汽轮机、16%的风电装备，成为全国三大动力设备制造基地之一。2021年成德高端能源装备集群成功入选全国先进制造业集群，2022年德阳入选全国先进制造业百强城市。未来，在"铸造基因"的助推下，"硬核德阳"会不断擦亮"装备智造之都"的城市名片。

（二）"大国重器"挺起中国脊梁：从中国"电力心脏"到C919背后的"德阳造"

三线建设后作为构成中国机械工业版图的重要城市，德阳有了"北有沈阳，南有德阳"的美称。凭着丰厚的"家底"，德阳成为"国之重器"的摇篮，一个个明星"大国重器"从这里诞生，中国"电力心脏"白鹤滩水电站百万千瓦机组、中国"争气机"G50燃气轮机、中国核电堡垒"华龙一号"、世界重装之王

全球首台百万千瓦水轮发电机组转子吊装（东方电气供图）

"锤八万"等，均贴上了"德阳造"的标签。

在中国，每4度电中，就有1度源于东方电机的装备。凡能代表国内最高水平的水电站，都有东方电机的烙印，从葛洲坝到三峡、从溪洛渡到白鹤滩，从甩开"洋拐棍"到装上自主研发的"电力心脏"，东方电机潜心研究16年，让中国水电登上了世界巅峰。2023年5月16日，东方电机又一次创造了历史：自主研制的国内首台单机容量最大功率150兆瓦级大型冲击式转轮成功下线，全面突破关键核心技术"卡脖子"难题。

如果说白鹤滩水电站实现了登顶"水电珠峰"，那东方汽轮机G50燃机则是欲火涅槃的"金凤凰"，堪称中国"争气机"。2023年3月，在广东华电清远华侨园燃气分布式能源站，国内首台F级50兆瓦重型燃气轮机顺利通过72+24小时试运行，迈出了商业化的步伐。"自主知识产权来之不易。"东汽相关负责人感慨道。从2009年开始启动G50燃机自主研发到2023年完成商业化试运行，

东方汽轮机G50燃机（东方电气供图）

历经 4000 多个日日夜夜，东汽工程师们越挫越勇终破技术封锁，啃下了重型燃气轮机国产化这块"硬骨头"，填补了自主燃气轮机应用领域的空白，创造了中国高端装备制造的新高度！

2023 年 5 月，我国自主研发的 C919 大型客机成功完成了商业载客首飞，标志着中国航空工业真正走出了一条自主发展之路。而 C919 "一飞冲天"的背后离不开德阳科技力量的强大支撑，更离不开世界重装之王——中国二重八万吨模锻压力机的"一锤定型"。C919 主起落架是支撑整架飞机重量的部件，也是飞机上最复杂的关键承力锻件，标准和精度要求非常高，从开始的预研到形成最终产品，中国二重走过了漫长的 7 年，成功研制出满足国际适航质量要求的 C919 起落架锻件，不仅填补了国内空白，也为 C919 打造了一身矫健的"钢筋铁骨"。中央翼钛合金缘条锻件是机身上最大、最长的一个关键承力锻件，是飞机的"肋骨"，中国二重通过 10 余项关键技术突破，实现了该产品的"一锻成型"。此外，登机门、垂尾、发动机吊挂等 130 多件关键零部件都被中国二重一一攻克。这些"德阳造"撑起了中国大飞机的脊梁，竖起了迈向制造强国的重

国机重装八万吨模锻压力机（国机重装供图）

要里程碑。

一个个"国之重器",挺起了民族脊梁,德阳与有荣焉。随着更多的"大国重器"在这里源源不断地诞生,更多的中国装备将昂首走向全球,更多的中国制造将惊艳世界,而一个更了不起的德阳将会让世界瞩目!

(三)"清"装上阵逐"绿"新赛道:从"六电并举"产业格局迈向世界级清洁能源装备制造基地

2022年8月27日,全球首个清洁能源装备盛会在德阳隆重开幕,"重装之都"的"清"装上阵,让这座城市再迎高光时刻,汇聚了全球的目光,而这一切,并不是偶然。

从三线建设初期只能制造中小型水火电,发展成为全球唯一拥有水电、火电、核电、气电、风电、太阳能"六电并举"研究制造能力的世界级电力装备制造城市,德阳走了60多年。如今的德阳,拥有1500多家装备制造企业,装备制造业营业收入达1400亿元、规模占全省的27%,形成了覆盖"源网荷储"的清洁能源装备全产业链优势。2009年,德阳被授予"清洁技术与新能源装备制造业国际示范市",是全国唯一获此殊荣的城市。随着"双碳"战略的纵深推进,清洁能源装备产业迎来了新机遇,迈入发展快车道。2021年四川省委赋予德阳建设世界级清洁能源装备制造基地的使命。站上风口的德阳,正在蓄力起跳,向世界级清洁能源装备制造基地目标迈进。

1. 清洁能源装备产业,其势已成

在东方汽轮机厂区,远远就能看到一座蓝白相间的"小山包",一旁的管道、厂房、罐体有序排列着,组成了约两个足球场规模的"超级充电宝",这就是全球首个二氧化碳+飞轮储能示范项目。这个巨大的"充电宝",利用二氧

化碳作为循环介质,在用电低谷和高峰期进行充放电,能在 2 小时内存储 2 万度电,足够 60 个家庭整整使用 1 个月,且全过程实现了零碳排放。同时,这个"充电宝"里,还有能实现电能和动能快速转换的飞轮,其响应速度更是达到了毫秒级,可以在 0.01 秒内进行快充快放,实现不间断供电。东方汽轮机在储能技术上的全新突破,为我国加快构建新型电力系统、提升新型储能技术国际竞争力贡献了"德阳力量"。

2022 年 8 月 24 日,在东方锅炉德阳制造基地内,世界首个氢能全产业链技术科技示范园正式投运。示范园集中展示了垃圾制取氢气、工业副产气提纯、电解水制氢、生物质制氢等技术与装备系统。值得一提的是,东方锅炉自主研发的 PEM 电解水制氢系统,能实现与风电、光伏等波动性能源耦合绿色制氢,

东方锅炉全球首个集光电转换、绿电制氢、制储加用为一体的氢能科技示范园(付帅 摄)

实现了从 0 到 1、从无到有的突破。而氢燃料电池运用上，东方锅炉自主研制了电堆、膜电极等系列产品，并成功研制了 110 千瓦级氢燃料电池动力系统，首次实现 49 吨级氢能重型卡车的示范应用。东方锅炉在氢能产业的先行先试，不仅为我国氢能的广泛应用提供了"德阳造"方案，更是向世界展示了中国氢能的一张闪耀名片。

2. 乘势而上，打造世界级清洁能源装备制造基地

围绕建设世界级清洁能源装备制造基地的目标，德阳已经有了施工图，力争到 2027 年，机械装备产业产值突破 3000 亿元、年均增长 15% 左右，并全力构造清洁能源装备创新策源、成套和极限制造、智能制造和产业互联网、基础材料和关键零部件供给、系统集成服务"五大中心"，基本建成体系完备、规模较大、创新能力强、质量品牌好、具备全球资源配置能力的世界级重大装备制造基地。

站在新的起点，德阳将扛起绿色低碳发展使命，从重装"长板"起跳，迈上"清装"新台阶，继续逐梦前行，为服务国家"双碳"战略、支撑四川绿色低碳产业高质量发展作出德阳贡献。一个世界级的清洁能源装备制造基地，正在德阳加速崛起！

（四）加"数"前行领航产业变革：老工业城市的"智造转型"样本

近年来，德阳赶乘工业互联网东风，通过以 5G 为代表的新一代信息技术对人、机、物、系统等的全面连接，构建起覆盖全产业链、全价值链的全新制造和服务体系，全面推动老牌工业城市创建数字化转型示范，使得"重装之都"焕发出新的活力。

1. 用好数字化服务平台构建转型良好服务生态

目前，德阳引入总投资 150 亿元、建设 4.8 万个机柜、PUE 值小于 1.2 的云上天府云计算中心，打造本地化大数据中心，为企业提供算力支撑，避免数据安全问题造成企业数字化转型的重大损失。

同时，德阳坚持将新一代通信技术、工业机理和平台应用有机结合，持续推进工业互联网平台建设。携手海尔卡奥斯、优刻得等龙头企业，建成德阳智慧工业云管理平台、海川云服工业互联网综合服务平台。目前，海川云服工业互联网综合平台完成 2.0 版本迭代，上架 SaaS 应用 233 个，完成企业注册 2000 余户，累计认证 1200 余户，已基本实现规上企业覆盖。"在市数字经济产业发展工作专班支持下，市经信局牵头发布'海川云服'企业上云 SaaS 应用优惠券"，工赋（德阳）科技有限公司相关负责人解释道，"上云券适用于从卡奥斯 COSMOPlat 应用商城 200 多款 SaaS 应用中精选的 13 款应用，企业用户通过在'海川云服'领取优惠券，可获取部分应用的五折优惠券或免费试用权限"。

云上天府智算中心（何勇 摄）

2. 以典型应用场景引领数字化转型升级

德阳积极引导行业开放应用场景，发挥龙头企业牵引作用，推动产业链供应链深度互联和协同响应，带动上下游企业数字化水平同步提升，实现大中小企业融通发展。

"我们的智慧产线，实现 24 小时无人干预连续加工，毫秒级精准定位，40 秒内智慧供料。"东方汽轮机叶片加工数字化车间相关负责人介绍道。其中这条 J 型黑灯产线产品质量合格率达 99%，人均效率提升 650%，设备利用率达到 90%，能源利用率提升 47%。不只是这个场景，还有东方锅炉的水冷壁管屏绿色安全智造标杆示范车间、国机重装的飞轮储能装置智能工厂、特变电工电力电

亚度家具工业互联网数字平台（朱颖秋 摄）

沃野天府

缆数字化车间、宏发电声超小型电磁继电器数字化车间、亚度家具 5G+ 智能制造示范工厂、汉舟电气智能精益数字化车间……智能制造应用场景已在德阳各地"多点开花"。

3. 集聚资源要素强化产业数字化支撑

德阳整合各方资源，建立多元金融服务体系，组建工业互联网基金，推广供应链金融"应急转贷"产品，搭建德阳政银企大数据金融综合服务平台，利用互联网＋大数据等新一代信息技术，切实缓解中小微企业融资难、融资贵问题。

德阳积极引入电子科大德阳校区、58同城大学未来产业学院总部、华为ICT人才学院，成立德阳高端装备智能制造创新中心，培养数字技能人才。"创新中心的产学研合作平台对我自身的学习帮助很大，让我在实践项目中提高了各方面能力，将来能更好更快地融入企业工作环境之中。"2020级西门子现代学

学生们正在德阳高端装备智能制造创新中心的培训教室里操作（刘倩 摄）

徒制班的学生说。截至 2022 年 11 月,德阳高端装备智能制造创新中心已与德国库卡、大唐融合、中车瑞伯德等 20 余家国内外先进企业建立合作关系,为东方电气集团、中挖集团、沃尔沃等 30 余家省内外企业提供智能制造技术服务,开展装备制造领域技术人才培训,培训人员 8000 余人次。

二、内外兼修：
绘就和美乡村"新画卷"

德阳坚持把实施乡村振兴战略作为新时代"三农"工作总抓手，强调乡村塑形与铸魂并重，以"和"为内在属性，以"美"为外在表现，着力更新乡村风景风貌，大力开展人居环境整治，注重培育文明乡风，持续推进公共服务资源下沉，全方位、高质量地加快推进宜居宜业和美乡村建设，构建"景美、业兴、人和"的新时代乡村画卷。

（一）"一核五治"提升乡村治理硬实力

近年来，德阳通过党建引领与基层综合治理"双线融合"，构建了以基层党组织为核心，自治、法治、德治、智治、共治融合的"一核五治"乡村治理体系，形成了基层治理社会化、法治化、智能化、专业化的"四化同步"新格局，夯实了乡村振兴的"主心骨"。

1. "一核"引领乡村治理

乡村治理如何破题？德阳坚持基层党组织在基层治理中的核心地位不动摇，把党的领导贯穿于基层治理全过程和各方面，实现基层治理有魂。"火车

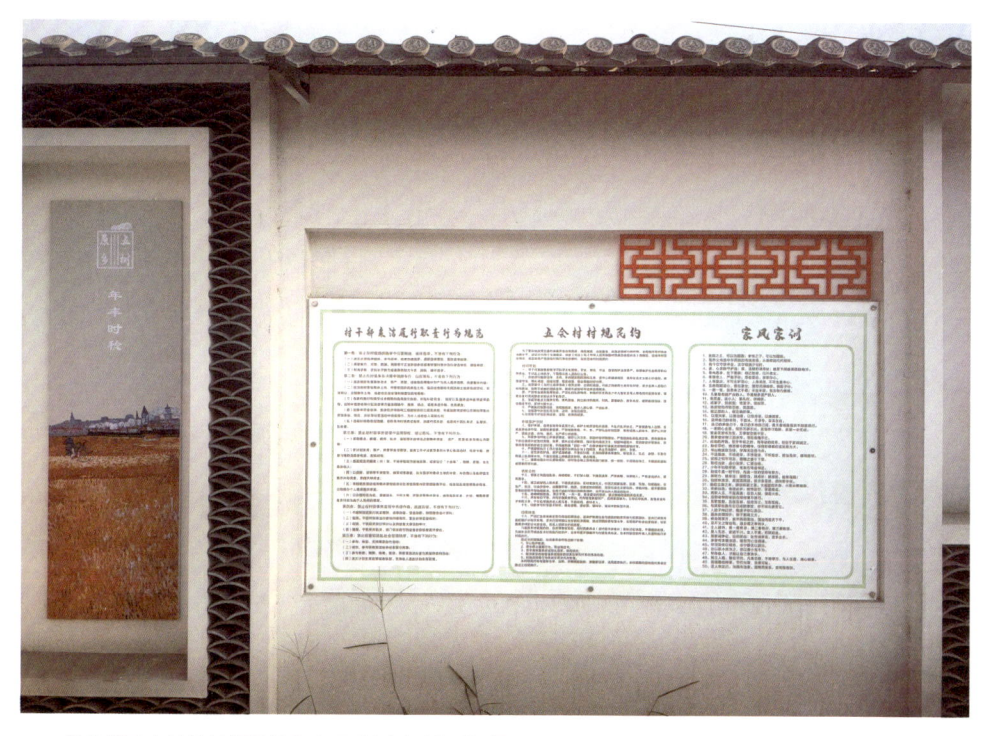

孝泉镇五会村的村规民约和家风家训（朱颖秋 摄）

跑得快，全靠车头带。"发挥好村级党组织功能关键在于选好村级党组织书记，因此，近年来德阳大力实施"千名好支书培养引领计划"，深入推进"三强"书记队伍建设，培养选拔了能"带头发展产业，带领群众增收致富，维护农村和谐稳定"的优秀人才担任村党组织书记，让"头雁们"发挥好"领航"作用。

2. "五治"激发内生力量

在充分发挥党建引领的基础上，重点推进乡村自治、法治、德治、智治、共治"五治合一"是德阳乡村治理的重要特色。

以村民自治组织为主体，突出自治基础，实现基层治理有力。旌阳区创新探索"高槐自管会"、槐商联盟等自治组织，搭建五方民主协商议事平台，让基层治理真正实现"民事民议、民事民办、民事民管"。罗江区率先推行"村民议事代表会议制度",村户以家庭为基本单位,每5~15户按宗族、院落等自愿结成一个单元,每个单元联名推荐1名议事代表,参与各项村组事务的决策执行,有效解决了过去代表"形同虚设"的问题,改革经验入选农业农村部第二批全国乡村治理典型案例。绵竹市棚花村试点"院坝协商"、广汉市向阳镇成立"乡镇人大代表小组工作室"、中江县富强村创新"三上三下六步工作法"等,搭建起了基层治理民主平台,激活了村民参与基层治理的内在动力和积极性。

以信法守法为准绳,加强法治保障,实现基层治理有序。注重健全援助组织网络,搭建基层"四点四级"公共法律服务平台,深化"一村(社区)一法律顾问"制度,充分发挥公共法律服务在乡村治理实践中的最大效用。旌阳区以"积分制"为抓手,采取基础分+加分项+扣分项的方式,推进乡村形成守法、用法、普法的局面。中江县集凤镇石垭子村建立了驻村律师制度,对村两委干部进行法律知识培训,在每个村民小组培养一个"法律明白人"。

以崇德向善为基础,强化德治调节,实现基层治理有根。推进孝源里、范家大院、什邡家风馆等一批文化基地建设,发挥乡贤能人的榜样作用,弘扬道德内在的浸润、规范、约束作用,营造乡村崇德向善、明德惟馨的德治氛围。旌阳区孝泉镇将德孝文化外延为"大孝爱国、中孝敬业、小孝持家"的德治体系,探索出以德化人、以德治事、以德理财的"三德三孝"乡村基层治理新途径。

以智慧治理为支撑,用好现代技术,实现基层治理有方。建立"互联网+"治理模式,将智慧城市建设与乡村治理深度融合,什邡市马祖镇马祖村打造出"禅云马祖"智慧App、"马祖民宿2.0生态圈",为乡村治理建强了"硬件"支撑。

以多元治理为补充,注重综合施策,实现基层治理有度。依法有序引导各类社会力量和人民群众参与乡村治理,不断增强群众的参与感、获得感、幸福感。广汉市新丰镇聚心嘉园安置小区涉及6个村1万余名农民,通过实施"大党委领导下的物管委负责制",吸收社区民警、居民代表等担任"物管委"委员,形成共建共治共享社会治理格局。

(二)农文旅融合:从"网红村"到"长红村"

德阳依托田园风光、农耕文化等乡村独特优势,推进农业与旅游、文化创意等相结合,打造了年画村、红光印象、旌秀桂花、荷韵龙居、玫瑰谷、凯江大回湾等景点,开发了松林—连山水果游、西高油菜花游、三水易家河坝渔家游等休闲活动,形成了"高槐咖啡"等较有影响的休闲农业品牌,走出了特色农文旅融合发展之路。

1. 美丽乡村"画"振兴

年画村位于绵竹市孝德镇,是首批国家级非物质文化遗产代表性项目绵竹木板年画的发源地。年画如何助力乡村走上农文旅融合发展之路呢?

在年画村,青瓦白墙的川西民居,简约古朴、错落有致,家家户户房屋的墙上都画着精致艳丽、惟妙惟肖的年画,让人仿佛走进了一个巨大的年画展览

绵竹市孝德镇年画村(谭静 摄)

沃野天府

年画艺人专注地雕刻木版年画（陈刚 摄）

馆。"国家给农村搞基本建设,路修好了,房建好了,树种上了,农村也该有文化呀,为何不把绵竹年画画在农户门上呢?"年画艺人尹天润大胆提出可以把绵竹年画从纸上搬到墙上。民间艺术与农家院落的结合,让年画村变得名副其实,也进一步打响了年画村的知名度。

那么,如何做活年画这个新产业?"地震前,我们村会画年画的人多,从事年画生产的却很少,除了我们一家,没有哪家靠这个手艺'吃饭'。"绵竹年画南派九代传人陈刚笑着说。但是现在不同了,村里有了很多年画画坊,大家抱团发展,从"守艺人"变"创艺人",不断开发和创新现代年画,将年画文化资源转化为经济优势,迸发出新的生命力。如今,村里致力于以年画产业为核心,结合乡村旅游业的发展,成为一处以年画研学体验、年画产品生产、观光农业、主题度假产品为核心吸引力的乡村旅游目的地,通过一张小小的年画画出了乡村振兴新画卷。

随着年画村的蓬勃发展,在村民增收和美化环境的同时,也积极将国家级非物质文化遗产元素渗透到乡风文明建设工作中。在年画村相遇画里文创社区,

年画村特色打卡景点(谭静 摄)

沃野天府

每家每户的门楣旁都有一个独具特色的家风家训展示牌。"传承年画技艺，发扬年画艺人精神""老老实实做人、勤勤恳恳做事"的家风家训与社会主义核心价值观、村规民约通过创意年画得到形象的传播，成为村民们喜闻乐见的乡风文明建设宣传形式。

现在的年画村依托绵竹年画特色产业，大胆探索，匠心打造农文旅融合发展旅游示范区，让古老的民间艺术瑰宝焕化出青春和活力，真正从当初的"网红村"到文艺范儿的"长红村"，成为乡村振兴的一张闪亮名片。

2. 走进文创新农村——高槐

高槐村位于德阳市旌阳区，2014年还是一个市级贫困村，如今早已在一杯咖啡的香气中实现了华丽蝶变。是什么让这里发生了翻天覆地的变化？

胡榕夫妇从小生活在农村，虽然经过打拼他们早已在城里安家立业，但对乡土的留恋是他们血脉里无法改变的基因。正因如此，一次采风时，偶入高槐的二人被这里深深吸引，决定租下一间小院稍加改造，每到周末就过来种菜写

高槐村村委会（蒋敏 摄）

第四章 一座"智"造幸福的城市——德阳故事

袈蓝咖啡和高槐故事馆（蒋敏 摄）

字、看书画画。两年后，在朋友们的鼓励下，小院被改造为高槐第一家乡村咖啡屋，取名"不远咖啡"。从此，充满浪漫情怀的咖啡与传统村落相遇了。

"忽如一夜春风来，乡村咖啡遍地开。"在不远咖啡开业后，高槐村的麦田旁、村道边一下子"生"出了几十家大大小小的咖啡屋，而很多咖啡屋的主人就是曾经从高槐村走出去的村民，他们携家归乡，有的开起了"芳华·旧时光"，有的建起了"离尘别院"……他们带着心中的热爱与依恋，带着干事创业的热情，回到家乡，大展所能，激荡高槐发展的一池春水。

时间来到2017年，在几年的井喷式发展后，由于高槐村咖啡产业经营模式比较单一，整个市场进入了发展疲软期。应该如何谋求转型？一直喜欢植物扎染的胡榕试着将染艺引入咖啡屋，许多人都来这里体验手工制作，咖啡屋又恢复了以往的热闹场景。此后，高槐村的乡村创客们纷纷开始探索适合自身的差

非遗传承人进行植物扎染和制作德阳潮扇（旌阳区融媒体中心供图）

异化发展道路——有人开始做木刻、做陶艺、办民宿、做皮具、办家庭农场，还吸引了非遗潮扇传承人和乡村音乐人在这里驻足。

在发展路上，如何确保不偏航？高槐村的法宝在于一支精干有力的基层党组织队伍。在发展伊始，他们从村庄规划入手，积极申请整合政策性资金，推动村庄基础设施及公共服务设施体系提档升级；在业主入驻后，全方位提供保姆式服务，为新农人赋能添翼；在业态转型期，主动接洽项目合作，严把项目准入关口……高槐村党组织一直是高槐振兴路上的领航人和掌舵人，为的就是把高槐的振兴之路行稳致远地推向前进！

民族要复兴，乡村必振兴。高槐村从贫困村到"网红村"再到"长红村"，一步步蝶变背后凝聚的是一群人8年多来的奋斗与汗水，在"党支部＋新农人＋原住民"的众创共建下，高槐村一条农文旅融合的高品质发展道路正跃然纸上！

（三）数字赋能农业发展增"智"提"质"

清晨，从德阳市旌阳区孝泉镇的东升农场出发了几辆满载精品鲜蔬的货车，这些印有专属二维码的蔬菜将很快摆上粤港澳大湾区的商超菜架，顾客通过二维码可以追溯这些农产品从种植到销售的全过程，吃得"更放心"。近年来，德阳积极引进数字化"活水"助推农业产业高质量发展。其中，旌阳区作为全省首批数字乡村试点区，通过"一图、一网、一链"建设，逐步形成可复制、可推广的数字农业"旌阳模式"。

1."一图"掌控农业全局

在旌阳区农业农村局内的终端大屏上，通过"旌阳区数字三农全景看板"系统，实现了将各部门的涉农信息有效连接和综合呈现。"以往各部门的涉农信

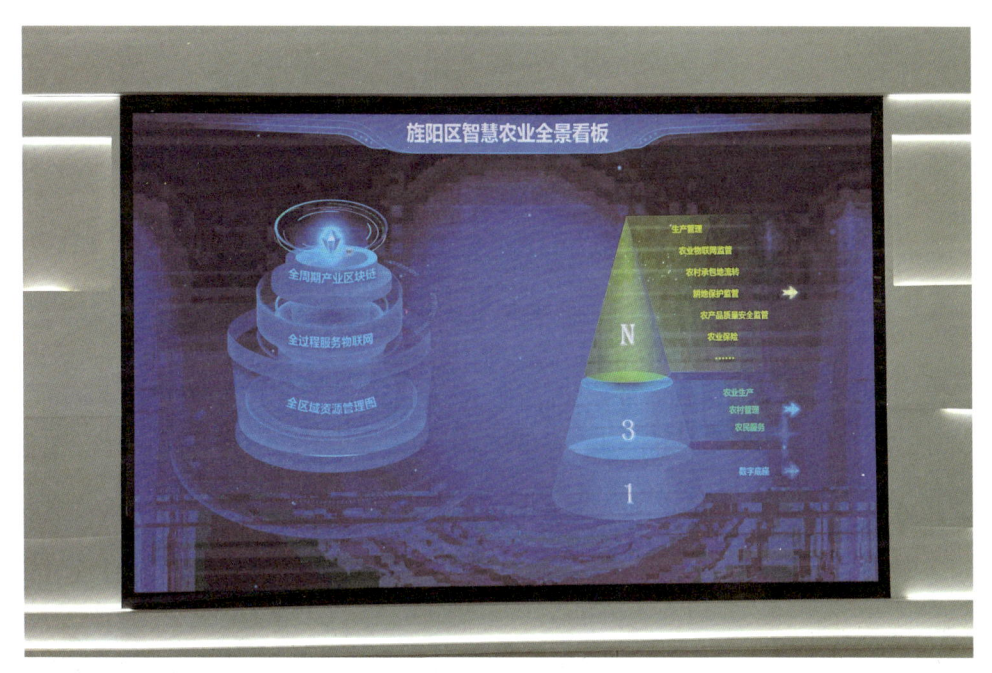

旌阳区智慧农业全景看板（何勇 摄）

息相对独立，存在'数据孤岛'现象。现在用'1+3+N'模式建设起全区域资源管理图，就实现了三农'家底'一览无余。旌阳区农业农村局相关负责人介绍。""1"就是利用行政区域规划、空间规划、水利、土地确权等数据建立起旌阳"三农"数据库，形成全区数据可视化的数字底座。"3"就是围绕农业生产、农村管理、农民服务三大功能板块。"N"就是建成土地安全利用监管、农业机械管理、动物防疫及病虫害监测、农村金融及农业保险服务管理和新型经营主体"一站式"服务等N个管理系统，形成旌阳数字农业"智慧大脑"。

2. "一网"包罗田间地头

运用信息技术将全区域资源管理图和数字化传感设备有效串联，旌阳区构建起全过程服务物联网，全面实现对土壤肥力、农机社会化服务、动植物疫病、农产品质量安全的全过程监测。在"青甜扬嘉"数字农业示范基地内，耸立着

沃野天府

"青甜扬嘉"数字农业示范基地（朱颖秋 摄）

许多铁柱，下方则通过线束延伸着传感器，这些传感器接入智能数据采集云终端，对土壤温度、湿度、营养液等指标进行实时数据采集监测与分析，再结合水肥一体化设备实现精准配肥滴灌，全面实现了农作物生产的标准化、智能化、自动化、绿色化，这样的数字化技术帮助园区每亩节约成本 200 元左右，园区产出率同比增加 10% 以上。"旌耘粮仓"智慧农业管理平台、"旌秀桂花"粮油智慧农业园区、东升农场农产品质量安全监管系统等示范应用场景，也通过田间这张"网"，实现按需作业、精准管控。

3. "一链"串起线上经济

"一条链"就是要串起企业、渠道、人才、服务，打造数字农业生态链。旌阳区农业农村局相关负责人介绍。目前，联合腾讯集团，以"旌阳链"为载体，

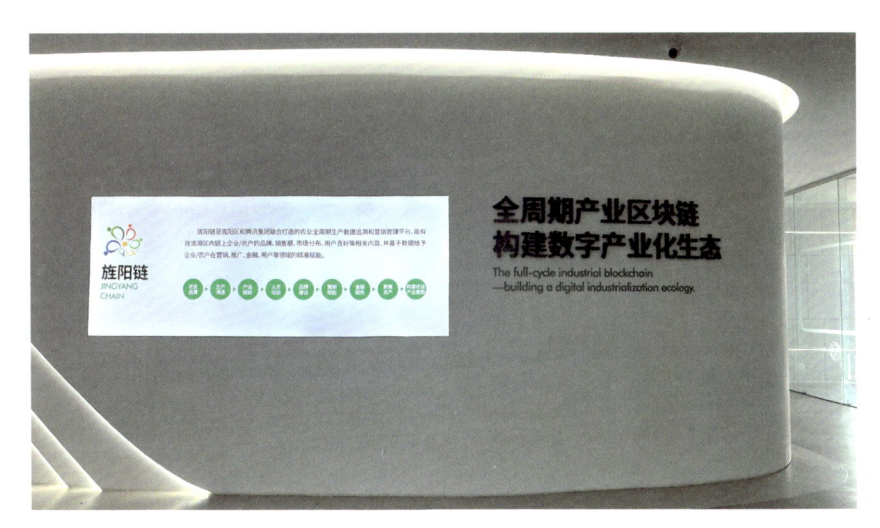

旌秀桂花智慧农业创新中心（何勇 摄）

旌阳区打造了"产业数字服务基地＋腾讯区块链产业数字应用系统＋N个特色企业品牌"的产业数字化发展模式，打通了农业生产、农产品溯源、数字人才培训、销售增收、数字金融等产业链条。截至目前，优质农业经营主休上链合同签订83家，上链运营48家，上链产品达368个，孵化30个主播23家网店，实现链上销售额单月突破60万元。

三、向新而生向美而行：打造美丽宜居城市

德阳将"绿水青山就是金山银山"理念贯穿城市发展全过程，注重用科学规划组织城市建设，突出城市的一体化和系统性发展，着力在推动高质量发展中增强城市内生增长动力，在创造高品质生活中满足人民美好生活需求，在实现高效能治理中推动大城善治，努力打造山水人城和谐相融的公园城市。

（一）"城市大脑"让市域社会治理更"聪明"

市域社会治理现代化是国家治理体系和治理能力现代化的题中应有之义，而"城市大脑"是市域社会治理现代化的重要支撑。2020年10月，德阳正式启动"城市大脑"建设，2021年6月上线试运行，持续迭代至今。德阳"城市大脑"紧扣城市运行"一网统管"、城市态势"一网通看"、政务服务"一网通办"、数据资源"一网协同"的"四网"运行模式，提供城市运行监测、态势感知、指挥调度、决策分析能力，努力破解了市域社会治理"数据不准""底数不清""信息不灵"难题，全面提升了市域社会治理"智治"水平。

第四章 一座"智"造幸福的城市——德阳故事

城市 IOC- 城市画像（德阳市政务服务和大数据管理局供图）

1. "城市大脑"实现服务需求多样供给

德阳"城市大脑"能做什么？德阳市政务服务和大数据管理局相关负责人介绍，德阳"城市大脑"建设数据中台、万物互联感知平台、数字孪生城市、应用支撑赋能平台、智慧城市指挥调度中心，能够为城市数字化治理和全市各业务领域信息化建设提供技术支撑。

到 2022 年底，德阳"城市大脑"已汇聚全市超 33 亿条结构化数据、2.9 万余路摄像源和物联传感设备，初步形成人口、法人、时空地理等八大基础信息库和 11 个专题库，发布超 50 个不同场景的 AI 算法模型，建成德阳全域 5911 平方千米地图模型。在此基础上，"城市大脑"对城市各类资源进行整合应用共享、联动分析。哪里水质数据呈现异常？哪个企业发生安全事故？哪些道路出现堵情……通过 IOC 指挥大屏、"领导决策驾驶舱"，全市运行体征、政务服务、社会治理、生态环境、交通安全、医疗卫生和文旅教育等领域状态都能直观展示出来，凭借运行态势全掌握、风险预警全智能、数据资源全调度、城市决策全辅助，真正实现从单一领域治理到全面治城。

2. "城市大脑"提升城市管理效率

2020年,"德阳市民通"获得首届数字四川创新大赛政务大数据应用赛"十佳案例"和四川省新型智慧城市优秀解决方案。能够取得这些成绩,关键在于政务服务依托德阳城市大脑数字底座支撑,优化完善了"德阳综窗业务协同支撑系统",同时推动不动产登记综合服务平台、成德一体化公积金系统、什邡智慧政务平台等市县自建系统与"德阳综窗业务协同支撑系统"深度融合,实现了全市政务服务数据上报、回流、业务协同。目前,全市已实现178个事项"日办结"、74个事项"小时办结"、88个事项"分钟办结",实现"最多跑一次、一次就满意"。

3. "城市大脑"提高社会治理精度

"利用城市大脑收集的数据与公安大数据比对分析,可以提高对重点人员的实时监管,实现对违法犯罪行为的精准打击。"相关部门工作人员介绍。德阳依托"城市大脑",上线运行了社区智治系统,同步建成街道调度中心、社区

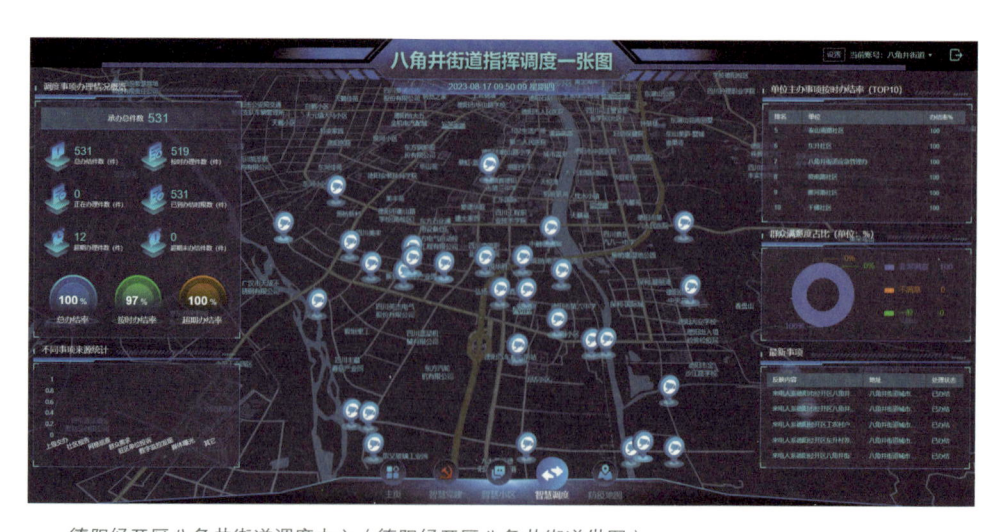

德阳经开区八角井街道调度中心(德阳经开区八角井街道供图)

管理平台、小区智治系统，形成了上下贯通、左右联动、全域覆盖的基层智治局面。

"现在我们小区比以前更规范、更安全了！"一位社区居民说道。目前，全市街道智慧调度中心集成信息收集、数据分析、应急处置等功能，已将公安民警、城管执法队伍、社区干部、网格员、志愿者等5类力量纳入线上调度，实现基层防汛救灾、社会治安、安全生产等"一网统管"。截至2023年6月底，14个街道智慧调度中心受理民生诉求600余件，调度职能部门、街道办所及社区132个机构单位响应处理，实现智慧小区治安案件发生率下降80%以上，群众诉求办理满意率达100%。

（二）城市滨水活力"秀带"提升群众幸福指数

1991年，岷江路闸桥落闸蓄水，河水水位抬升形成了一个带状人工湖，在30余年的沿湖景观打造过程中，增加了大量的公共绿地、公共空间、文体设施，融入了三线建设、三国、三星堆等地方特色文化元素，打造了展示24位德阳古今文化名人成就事迹的旌湖先贤名人长廊，形成了"三段五园三十八景"旌湖廊道，串联起全长19千米的城市滨水活力"秀带"，并荣获了"中国人居环境范例奖"。

1. 美丽的旌湖又飞来了"稀客"

"快看快看，湖上有几只黑鹳！"人群中一位拿着相机拍照的观鸟者激动地喊道。黑鹳是国家一级保护动物，已列入世界自然保护联盟（INCN）濒危物种红色名录，素有"鸟中大熊猫"之称，其对生态环境要求十分苛刻，所以这些"稀客"出现在旌湖上才会让爱鸟人士如此激动。其实，这也不是第一次在旌湖上看到这些珍稀鸟类了，极危鸟类青头潜鸭和花脸鸭、白琵鹭、红嘴鸥、白骨

沃野天府

"德阳之窗"旌湖两岸绿色生态带（袁俊 摄）

旌湖上自由飞翔的鸟儿（王作进 摄）

顶鸡、绿头鸭、赤颈鸭等野生鸟类早已成为旌湖上的"常客"。

"自德阳市区旌湖蓄水以来，食物链完整的湿地生态系统吸引了越来越多的野生鸟类。每年立冬到第二年春分，都有约3万多只冬候鸟，从中国西北、东北，以及西伯利亚等地，不远万里飞到旌湖过冬，也吸引了全国各地乃至美国、英国等10余个国家的爱鸟者前来观鸟。"德阳市观鸟爱鸟协会副会长介绍。目前，旌湖已经成为四川十大观鸟胜地之一，《中国国家地理》曾以《德阳：在重工业城市中观鸟》为题对德阳冬季的观鸟盛况予以大篇幅报道，鸟、人和城共享旌湖已经成为一道独特的风景。

2. 旌湖绿廊上镶嵌的"珍珠"

"我们是从成都过来的，专门来石刻艺术墙打卡拍照。"一位游客开心地说着。1986年，德阳市政府填河坝筑堡坎扩建泰山北路，扩建进程中干道下方出现了一道8米高的挡土长墙，于是便利用这道挡土长墙建造成德阳石刻艺术墙。艺术墙全长1080余米，是目前国内最大的城市现代艺术石刻雕塑群，整个雕塑气势磅礴、巧夺天工，让人仿佛穿越到"吴哥窟"。

"我们从1986年到1990年先建了一期工程'东方魂'，以生命智慧、东方历史文化为主题，雕塑由'生命之歌''智慧之光''民族文化长廊''十二生肖柱'，以及35个木雕拱门、32根蟠龙石柱组成。我认为最出彩的就是蟠龙柱了，但见蟠龙龙须飘扬，龙爪有力地撑开，龙身上的鳞甲收缩，全身张力十足，好像使劲攀爬向上飞腾，32根非常有气势、有特点。1998年开始的二期工程是'中华魂'篇章，以团结、祥和、奋斗为主题，为56个民族文化大型浮雕群，也非常壮观。"原德阳石刻管理处总工程师回忆道。如今，围绕石刻群建成的石刻公园面积已有11.2万平方米，园区内种植近万棵乔木，一池荷花，6万平方米如

东湖山公园（付帅 摄）

茵的草坪铺设其中，整个公园犹如闹市中的一方净土。

旌湖两岸具有不同主题特色的公园还有很多，北公园、南公园、柳梢堰湿地公园、金螺湾生态公园等犹如美丽的珍珠镶嵌在旌湖绿廊上，点缀着城市居民的幸福生活。

3. 进入滨湖 4.0 时代

2021 年，德阳正式对外发布旌湖两岸新的改造规划方案，按照国家 5A 级景区标准，实施旌湖两岸设计改造，旌湖正式进入滨水 4.0 时代。那么，到底要怎么改造？"旌湖客厅存在驳岸老旧、空间散碎等问题，我们将融入河景和现代元素，改造台阶和观景台，让观景台更贴近水面、贴近鸟儿，还会修建亲水平台、景观小品、大型花境和游船码头等，构建多层级休憩、观景和聚集空间，让旌

旌湖两岸改造效果图（德阳市住房和城乡建设局供图）

湖客厅更有温度。"中建西南院设计负责人介绍。当然，也会增加"可进入、可阅读、可体验"的滨河驿站，形成集旅游休闲、文化展示、最美水站等功能于一体的公共服务空间。

未来，旌湖两岸将形成1条城市滨水生态带，2条连续滨水绿道，5处标志性节点，6大主题区段，8大特色活动空间，真正实现生态与生活共融、活力与闲适共存、烟火与文化共生，全面提升市民幸福感、获得感，让青山绿水真正在城市建设中"显山露水"。

三蘇祠

堪輿撲楷千秋景蒼永馨香

克紹箕裘一代文章三父子

第五章

"东坡故里"
——眉山故事

作为"东坡故里"的眉山,千年文脉在现代的眉山生根、发芽、壮大,打造出坚定文化自信的"眉山载体"。眉山正以璀璨的文化之光照亮城市高质量发展,正在聚力文旅融合、制造强市、开放发展、城乡融合、乡村振兴,在奋力建设成都都市圈高质量发展新兴城市中展现中国式现代化的城市"新画卷"。

一、文旅融合：
"千载诗书城"扬帆起航

眉山是哪？每每遇到这种提问，眉山人总会自豪地回答："苏东坡的老家！"眉山古称眉州，是宋代大文豪苏洵、苏轼、苏辙三父子（史称"三苏"）的故乡，享有"中国诗书城"的美誉，是中国历史上著名的"进士之乡"，素有"千载诗书城""人文第一州"的美誉。

在拥有"东坡故里"的金字招牌的同时，眉山也是四川省唯一一个出土文物几乎涵盖整个人类文明史的市州，现有文物总数逾10万件，类型齐全，年代跨度大，地域覆盖广。这些璀璨耀眼的历史明珠汇成眉山延续至今的文化血脉，形成了眉山城市历史文化的独特魅力。

历史遗产需要用心守护，优秀文化需要传承发扬。如何让千年文脉在现代眉山生根、发芽、壮大，打造坚定文化自信的"眉山载体"，用璀璨文化之光照亮城市高质量发展之路？眉山结合自身实际，走出了一条特色文旅融合之路。

（一）"东坡文化"：眉山响亮的名片

蜀地眉山，东坡故里，百年银杏、千年黄葛，生机盎然。踏入祠内，红墙环抱、碧水萦绕、翠竹掩映，此地名曰"三苏祠"。三苏祠位于眉山市东坡区纱

第五章 "东坡故里"——眉山故事

三苏祠（眉山日报社供图）

縠行南段，是苏洵、苏轼、苏辙的故居，元代改宅为祠。祠内保存有16处古建筑及古井、洗砚池、荔枝古根等苏家遗迹，收藏有数千件有关"三苏"的文物文献，陈列有"三苏"家训家风、生平成就、东坡书法碑林，是国内规模最大、保存最完好的三苏纪念祠堂。

2022年6月8日，习近平总书记来川莅眉视察时就来到了这里。他了解了"三苏"生平、主要文学成就、家训家风，以及三苏祠的历史沿革、东坡文化研究传承等，并对弘扬中华优秀传统文化，坚定文化自信和道路，推动家教家风建设等作了重要讲话。东坡文化经两宋确立、元明清传承、现当代弘扬，汲传统之精华、综各家之学说、融自身之实践、开时代之生面，千年文脉贯通古今，是中华优秀传统文化的重要组成部分，是华夏儿女的共同精神财富，是巴蜀文化的杰出代表，是诗书眉山的响亮名片。

如何让东坡文化的名片真正亮起来，让东坡文化真正传承延续、融入现代眉山的发展之中，是历史与时代给眉山提出的难题，"一心三地"是眉山给出的答案。

"一心"指打造东坡文化传承发展中心，重点是做好全域的历史文化遗产保护工作。近年来，眉山始终坚持保护第一、加强管理、挖掘价值、有效利用，推动让文物活起来，全面提升文物保护利用和文化遗产保护传承水平，守住三苏文化千年根脉，具体做法包括以下三个方面。

一是靠前保护。构建系统保护体系，创新省地合作考古工作模式，在全省成立首个市州考古工作站，开展大型项目文物调查勘探项目28个。设立历史文化名城保护中心和保护工作专门机构，配备专门人员。将文物安全纳入基层乡镇派出所联防联巡范围，建立文物博物馆单位治安防范常态化工作机制，落实市县级以上文保单位文物安全直接责任人451处、实施公告公示286处，有效解决文物管理保护"最后一公里"问题。

二是加大投入。市财政每年预算500万元文保专项资金；累计投入3100万元实施文保单位抢险加固等工程项目30个，投资5300万元建成三苏祠式苏轼文物库房和展厅。建设苏东坡传说陈列馆，成为全省唯一集文物保护、非遗传习、博物馆展示于一体的优秀传统文化实践教育基地。培养和壮大考古人才队伍，通过市委人才办高层次人才专项事业编制、市委编委核增编制、调剂编制等形式，调剂增加市文物保护研究所人员编制13个。

三是突出重点。积极推动"考古中国"重大项目"川渝地区巴蜀文明进程研究"考古工作开展，新发现坛罐山遗址、莲花坝遗址、登云城址史前遗址3个。完成江口沉银六期考古发掘，出水文物7.7万余件。聚焦三苏祠创建国家一级博物馆目标，制定馆藏古籍保护修复等5个方案，实施古建筑维修、馆藏文物保护等17个重点项目。"中国有三苏"主题展入选2023年度全国"弘扬中华优秀传统文化、培育社会主义核心价值观"主题展览重点推介项目。

"三地"指的是建设全球苏学研究高地、优秀传统文化教育基地、知名人文旅游胜地。

为建设全球苏学研究高地，眉山通过搭建高规格学术平台、开展高质量学术课题研究、汇聚高层次专业人才等方式，加强东坡文化研究，深挖东坡文化内涵，发掘传统文化对当今社会有借鉴指导意义的积极方面，坚定文化自信。同时通过推动高水平传播交流，举办文化节、文化月，以东坡文化为源头活水，创作了一批影视、舞台剧、动漫、音乐、文学等东坡题材文艺精品，进一步丰富市民精神文化生活，传承发扬了东坡文化。

为了让东坡文化真正浸润人心，让坚定文化自信的种子在每个人心中生根发芽，眉山提出了优秀传统文化教育基地的建设目标。通过东坡文化干部教育基地建设，依托党校（行政学院）、三苏祠等，将东坡文化中蕴含的治国理政理念和思维融入精品课程和现场教学点之中，以东坡文化大讲堂、东坡文化干部培训班、名人名家现场授课等方式，使得每一位眉山干部都在东坡文化的陶冶下获得滋养、成长。

打造东坡文化研学传习基地。精心编撰教材，设计特色课程，打造精品游学线路，积极开展青少年书画传习、经典诵读、传统礼仪和技艺展示等活动，在中小学广泛开展"诵东坡、爱眉山"主题活动，营造敬仰传承优秀传统文化的浓厚氛围。要用璀璨文化之光照亮城市高质量发展之路，必须让文化与产业得到有效融合。丰富的历史文化遗产资源给予眉山得天独厚的文旅融合发展优势，眉山各地抢抓机遇，结合特色文旅资源，强化文旅市场管理，构建文旅融合发展的新模式。

（二）"竹编文化"：眉山耀眼的明珠

2007年3月，青神竹编被四川省列入第一批非物质文化遗产名录；2008年，青神竹编被列入国家级非物质文化遗产保护名录，并走进北京奥运会；2018年

沃野天府

4月,名为《融》的青神瓷胎竹编被作为国礼送给奥地利总统范德贝伦、总理库尔茨。在经与纬的交融、浅与深的变幻中,青神竹编集诸多荣誉于一身,并在千年传承中不断创新发展。

青神竹编是伴随着当地桑蚕文化发展起来的一项传统技艺,其历史悠久、工艺精湛,早在3000多年前,青神县的先民便开始用竹编簸箕养蚕、编竹器家用。因其出色广泛的实用性,这项技艺在历史上一直在青神县民间广为流传。技术精湛的手艺人将不同大小、粗细的竹片和篾条组合、编织,生产出各种各样人们生产生活所需的用品。

近年来,青神竹编工艺在匠人们的不断努力下持续发展创新,所编织出的竹编作品以其新、奇、特、绝的神韵而"艺甲天下",现已发展成为眉山名片、青神文化符号、青神新农村发展支柱产业之一。青神县被文化和旅游部命名为"中国竹编艺术之乡",联合国教科文组织专家波拿教授称其为"竹编史上的奇迹,艺术中的艺术"。国际竹艺城、江湾神木园成为网红打卡地,建成"竹里桃

青神国际竹艺城(眉山日报社供图)

花""竹里海棠""竹里芙蓉""竹里院子""竹里巷子"等"竹里"系列景点。

都说"酒香也怕巷子深",为了大声吆喝自己的美文美景,青神铆足了劲儿。为抢抓新冠疫情后旅游复苏机遇,开发市场、开拓客源、提振信心、提升人气,青神县坚持"走出去""请进来"的文旅宣传策略,竭力让更多游客领略青神丰富的旅游资源和深厚的历史底蕴,提升青神文旅品牌的知名度、美誉度。开展"青神文旅走巴蜀"一地一主题系列宣传推广活动,深入全省21个市州开展青神文旅推介,展示青神厚重的历史文化、优美的自然风光、特色的美食和崭新的城市新形象,进一步提升"东坡初恋地,国际竹艺城"的知名度和城市魅力。

如今,青神县绿色低碳最亮的招牌是什么?拉动青神乡村振兴最大的"马车"是什么?没错,就是竹。青神的竹林面积在全省仅仅只占1%,而这里所产生的产值却占了全省近10%。如何取得这样的效果呢?只靠百姓不行,只靠政府不行,只靠企业也不行。青神采取了链接发展模式,将公司、合作社、基地、农户有机联合起来。用购销合同将种植农户与本地竹产业达成稳定合作,现在已有5000余户参与其中,户均年增收1000元以上。

在全国大部分超市,走到纸品区域,一抹原生态的黄色总能吸引顾客的眼睛——它们极有可能是来自青神的"竹本色"纸巾。青神有全国最大的竹本色纤维材料生产基地,以此优势为依托,连片种植面积达到一定标准的集体、企业、个人都能够获得可观的补助。

单打独斗难以形成长久扎实的发展,青神正努力把竹产业发展成"链条、集群"。产业链上游或者下游有合作的需要,青神就主动对接招商;企业要围绕竹纤维做到"物尽其用",青神就积极支持引进有规模有能力的企业来研究、开发。同时,围绕竹编、竹纸等多元产品体系,青神正延长竹制品精深加工产业链,壮大竹制品生产加工龙头企业;建立竹产业孵化园,推进竹编机械化装备进程,孵化小微企业21家,引进培育竹加工企业55家,年加工产值27亿元。

青神竹产业总产值从 2018 年的 30 亿元增长到 2022 年的 70.6 亿元，2023 年上半年，青神县已实现竹产业产值 40 亿元。

（三）"江口文化"：眉山特有的资源

"石牛对石鼓，金银万万五，谁人识得破，买到成都府。"这首在四川广为流传的童谣，背后隐藏着巨大的财富密码，吸引着百余年来无数人的遐想和垂涎。众人纷纷在隐晦的童谣、浩瀚的野史、捕风捉影的传说间搜寻真相。

清代，自杨展开始清朝政府就组织打捞过 4 次；民国时期也安排了公司在锦江打捞沉银，但都没有搜寻到一丝线索。

沉银是如何"浮"出水面的？

2005 年春天，彭山县修建城市饮水工程，施工人员在岷江河老虎滩河床用挖掘机挖出了一截青杠圆木，木内散落出 7 枚银锭，当时被施工的村民捡走。虽然银锭流失，但彭山县文物管理所（现为彭山区文物保护研究所）所长吴天文与彭山县文化局副局长方明抱回了那一截青杠圆木。经与史料记载对比，和

"江口沉银"遗址打捞出土的文物（眉山日报社供图）

张献忠"木槽夹银"的说法吻合。后来在文物、公安部门的努力下，流失的银锭被收回。7枚银锭合在一起，刚好放入那一截青杠圆木之中。经鉴定，这些银锭为明代官银，属国家珍贵文物。当年11月，吴天文与方明联合撰文《彭山江口镇岷江河道出土明代银锭——兼论张献忠江口沉银》，提出张献忠沉银就在彭山江口镇。该文引起广泛关注，江口沉银也进入大众视野。

2007年，彭山县文物管理所以全国第三次文物普查为契机，走访了大量村民，并结合相关出水文物，开始把江口沉银区域作为重点保护地进行调查。2010年，"江口沉银遗址"被确定为市级文物保护单位，区域内禁止任何开采活动，文管部门也安排人员巡查守护。

不过当时并未禁止老百姓捕鱼，这也让盗掘者有机可乘。过去数十年间，在利益的驱使下，寻宝者络绎不绝，有人在江口陆续打捞出银锭等珍贵文物。2013年，有盗窃者打捞出虎钮永昌大元帅金印、金册等重要文物，并打包卖出1360万元的天价。幸运的是，在各级政府部门的重视下，公安机关于2016年追回了包括虎钮永昌大元帅金印在内的上千件文物，其中国家珍贵文物达100件。

为了让沉银"浮"出水面，2015年12月25日，10多位考古、历史、文物专家在省文物考古研究院的组织下，来到了彭山"江口沉银遗址"现场。经过专业、细心的考察，他们基本确认江口沉银的记载可信，并呼吁尽快进行抢救性发掘，联名出具了《四川彭山"江口沉银遗址"考古研讨会专家意见书》。4个月后，"江口沉银遗址"的考古发掘被国家文物局正式批准。

然而，这一次考古发掘并非易事。江口沉银地处锦江和南河的交汇处，水流湍急。当年的沉船历经了数百年冲刷，而落水沉银则夹杂在河床的沙石之中，情况复杂。作为这次考古发掘的领队之一，四川省文物考古研究院科技考古中心主任刘志岩先后两次到国家文物局汇报方案。经过众多专家科学论证，最终确定采用"围堰式发掘"——通过把遗址围起来，然后抽干水，将河底考古变为陆地考古。

作为四川第一次水下考古，没有任何经验可以借鉴，考古发掘无疑是"摸着石头过河"。不过让考古队员们感到欣慰的是，2017年1月13日，在前期修建导流渠和排水沟时，发现了一段保存相对完好的木鞘，与2005年发现的那一截青杠圆木几乎一样。这再次证明江口的确有宝藏，也给考古队员们增添了不少信心。好消息接踵而至。西王赏功金币、银币、大顺通宝铜币、金册、银册、银锭、铁刀、铁剑、铁矛、铁箭镞……为期89天的第一阶段水下考古发掘工作共出水文物3万余件。这些文物成为确认"江口鏖战"最直接、最有力的证据。

紧接着，2017年12月至2018年4月进行的第二期考古发掘，出水文物一万多件，首次发掘出一件火器三眼铳，成为确认"战场性质"的重要佐证。2019年11月至2020年4月，在第三期考古发掘中，出水的"蜀世子宝"金印则是首次发现的明代王级金印。经过三期考古发掘，5万余件"沉睡"在江底几百年的宝藏"浮"出水面。如今，部分文物已经在国家博物馆、四川省博物馆、广东省博物馆等地展出。

从发掘保护走向传承利用。2018年6月26日，《江口沉银——四川彭山江口古战场遗址考古成果展》在国家博物馆开幕。虎钮永昌大元帅金印、西王赏功金币、金银册、银锭……一件件"沉睡"百年的文物被揭开神秘面纱。江口沉银遗址的考古发掘，也给眉山发展带来新的机遇。早在2016年10月，眉山市彭山区就举行了一场江口沉银遗址附近项目推荐会，现场签约了不少项目。如今，恒大童世界、江口水镇、中日国际康养城、彭祖山景区、江口沉银博物馆等一大批重量级文旅项目云集于此，蕴藏的强劲经济动能和无限生机活力正全面迸发，一个集旅游、住宿、展陈、赛事、实景演出等为一体的高密度、高品质、高流量的5A级景区呈现眼前。

二、产城融合：
四川最年轻地级市跑出加速度

眉山，作为全省最年轻的城市之一，设市之时"头上没帽子、手里没票子、家里没底子"，发展基础薄弱。建市20余年来，历届市委、市政府和广大眉山人民不断探索、坚持奋斗，找到了一条属于眉山的产城融合之路——聚力制造强市、开放兴市、品质立市，奋力建设成都都市圈高质量发展新兴城市。

（一）龙头引领：新能源新材料制造基地建设助力制造强市

2022年11月29日，中共四川省委十二届二次全会召开，高起点谋划了全省未来的发展，并赋予了眉山建设成渝地区新能源新材料制造基地的使命任务。眉山迅速锚定使命任务，从"实施链式精准招商，补链延链强链；提速项目建设进度，实现快建快投；抓好企业生产，促进多拉快跑；完善工作推进机制，把各项措施落到实处"四个方面发力，扎实推进制造强市攻坚年行动。

这样的决心和勇气，离不开历届眉山市委、市政府对眉山经济发展的决策和部署打下的坚实基础。眉山建市晚，工业基础薄弱，工业化不充分，经济结构不合理，城市发展内生动力不足。历届市委均高度重视产业对城市发展的重要性。2000年，一届市委提出"抓三化、建三市、五年创辉煌"；2005年，二

沃野天府

眉山金象化工产业园区（眉山日报社供图）

届市委提出"工业强市、开放兴市、人才立市、依法治市"；2011年，抢抓天府新区建设千载机遇，三届市委提出"融入成都、同城发展、三化联动、统筹城乡"发展思路和"工业强市、文化立市、环境兴市、依法治市"发展战略。

2021年11月17日，眉山市第五次党代会提出，要聚力制造强市、开放兴市、品质立市，奋力建设成都都市圈高质量发展新兴城市，突出发展新能源新材料，重点发展电子信息、机械及高端装备制造、生物医药，协同发展其他产业，形成以"1+3"为主导的现代工业体系。对于全省为数不多拥有3个化工园区的眉山来说，无疑为新能源新材料项目提供了良好的落户载体。全市上下围绕这一方向大刀阔斧地推进产业调整，迅速形成了以锂电、光伏、化工新材料等为主导的新能源新材料产业，实现了龙头引领、产业成链。

1. 川金象的发展之路：积累与创新

四川金象赛瑞化工股份有限公司（以下简称川金象）是一家生在眉山、长在眉山的本土企业。20世纪70年代，在象耳镇农林村建起了一家氮肥厂——眉山县氮肥厂。当时物资比较缺乏，人地关系紧张，能够促进粮食产量的化肥是紧俏货。眉山县氮肥厂人在困难的条件下艰苦奋斗、探索创新，几乎以一己之力扛起了整个川渝地区粮食安全的重任。这种吃苦耐劳、自主创新的企业精神，成为川金象日后发展壮大的不竭动力。

1984年，党的十二届三中全会要求建立以公有制为主体、多种所有制经济共同发展的基本经济制度，化工行业的发展迎来彻底革新，个体和私营企业获得了前所未有的扶持力度。迎着改革春风，1994年，"县氮肥厂"正式转变为四川金象赛瑞化工股份有限公司，这家眉山企业的发展将随着国家改革开放的进程，越发奋进。

党的十八大之后，一直专注于工厂肥生产的川金象开始进入化肥市场板块，这个领域对于川金象而言完全是从零开始，一个一个网点的开发，到现在的硝基肥年销量30余万吨，可谓是川金象取得的最大成就。

为尽可能获得区位优势，抢占发展先机，川金象早早便采取了"靠近资源、靠近市场"的原则进行生产基地规划布局。比如位于四川眉山的川金象总部，附近就是全国第6个千万吨级产量的大型油气产区，以及岷江水电供应区，完全满足生产所需的能源、电力；生产磷复肥需要的核心资源磷矿，在四川本省以及临近的云南、贵州都有着丰富的储量。

优秀的产品需要创新，需要精准针对现实需求。川金象以普通硝基复合肥、与德国巴斯夫公司合作的硝基长效肥、功能性硝基肥"三驾马车"加一枝独秀的智能液体肥系列产品，形成"3+1"产品格局。为了让产品真正的切中应用需要，从研发开始，川金象就根据不同地区、作物的生长需求来配置配方和功效，做到了产品的精细化定制。

在持续多年的技术探索与积累中，川金象拥有了"一己之长"——具有特色的专有技术群。发展永不止步，创新永无止境。川金象仍在不断完善研发机制，引入技术团队和人才，加强与四川农业大学及其他科研机构合作，多措并举使企业可以保持自己研发创新的活力、实力。过硬的制造技术工艺，严谨的产品质量监管，使川金象的产品在市场上获得了良好的口碑。

50多年的不懈奋斗，50多年的不断创新，川金象从280多万元资产飞跃到了如今的50亿元资产，销售收入从每年不足200万元到现在的60亿元。一体化循环经济产业链在业内处于领先地位，拥有专利241项，三聚氰胺产量居世界前列，占据全球20%的市场份额。

2. 饲料厂变身新能源龙头企业

1985年，一位土生土长的眉山农村小伙，以自创的"渠道金属网箱式流水养鱼"技术成为当年四川省养鱼高产纪录创造者，一举成名。这个搞技术的小伙最终成了眉山新能源新材料产业的领军人物——通威集团董事局主席刘汉元。20世纪八九十年代，刘汉元抓住市场机遇，通过优质的饲料产品迅速占领了全国鱼饲料市场，并不断扩大规模。1992年，四川通威有限公司成立，2004年正式上市。

通威太阳能5G车间（眉山日报社供图）

2006年底，刘汉元接触到了新的领域——新能源，他迅速以硅片为节点进军光伏产业。在经受住亏损、停滞的考验后，通威目前高纯晶硅产能已超过18万吨/年，居全球龙头地位；电池片环节现有产能超过50吉瓦，连续6年成为全球产能规模和出货量最大、盈利能力最强的太阳能电池企业。

2020年5月，第一片"眉山造"电池片下线，投产不到2年，眉山基地即实现产值超100亿元；2021年5月，金堂基地一期项目投产，从第一台设备进场到第一片电池片顺利出片，仅用20天，再次彰显了"通威速度"；2023年7月，通威太阳能彭山基地一期项目建成投产，至此，通威太阳能已形成安徽公司、双流基地、眉山基地、金堂基地、通合项目、彭山基地六大基地格局，产能规模达90吉瓦。

截至目前，眉山已形成以中创新航、杉杉科技、协鑫锂电、胜华新材、天华超净等为代表的锂电产业集群，以通威太阳能、琏升光伏、江苏美科为代表的晶硅光伏产业集群，以川金象、陶氏化学、中科兴业等为代表的化工新材料产业集群。产业集群的形成，意味着产业整体竞争力提升、区域竞争优势显现以及经济发展增长。2023年上半年眉山GDP为791.32亿元，同比增长3.5%。其中，工业生产逐步恢复，固定资产投资平稳增长。第一产业投资增长27.7%，第二产业投资增长46.9%。其中，工业投资增长46.9%。2024年以来，协鑫锂电、天奈锦城等16个重点项目在眉山开工建设，完成投资16.8亿元；通威（眉山）、通威（彭山）、美科新能源、琏升光伏等21个重点项目竣工投产。累计招引锂电产业项目55个，总投资近1000亿元。一系列重大项目落地，眉山这座"新能源新材料"之城正迅速崛起。

（二）开放兴市：加速同城，建设成都都市圈开放门户

"成都区位"是眉山一直以来最大的发展优势。为此，一届眉山市委鲜明提

出了"融入成都、错位发展"的目标；2006年，二届市委提出"融入成都、一体发展"的举措，并与成都市正式签订《成眉合作发展框架协议》；2011年，三届市委提出了"融入成都、同城发展"的方向；2017年，四届市委继续推进"成眉同城"，提出了"开放引领、创新驱动、绿色发展"，强调只有开放，才能引领发展，拉开了环天府新区经济带建设的序幕。

2020年，成渝地区双城经济圈建设的历史机遇到来，成眉同城发展跑出了加速度，规划同编、交通同网、产业同链取得新突破。2021年眉山市第五次党代会提出建设成都都市圈高质量发展新兴城市，以"服务成都、依靠成都、融入成都"为战略牵引，坚定"四化同步、城乡融合、全域协同"发展路径。截至2022年底，成眉合作发展硕果累累，"1+1+N"规划体系基本形成，"5高2轨13快"同城大通道初步成型，累计合作制造业项目129个，总投资达827亿元，跨区域产业生态圈建设不断深化，交界地带融合发展加快推进。

1. "民生同城"成果共享

2020年1月，四川大学华西医院眉山医院正式揭牌，标志着成眉两地联手打造区域医疗中心、构建省市县（区）三级医疗联合体取得实质进展，标志着成眉服务同城实现重大突破。2021年3月31日，四川大学华西第二医院眉山市妇女儿童医院开诊；5月8日，成都中医药大学附属眉山医院正式开诊。成眉医疗同城、品质同城再次取得新突破、迈上新台阶。

教育也是眉山百姓最为关心的领域之一，成眉同城了，成都的"好学校"能不能到眉山来？2022年末，四川大学眉山校区正式开工建设，东坡故里的首座一流高校正在拔地而起。未来，四川大学成人继续教育学院（成教、网络）、四川大学华西青羊校区将搬迁至眉山，并新建四川大学国际交流学院。眉山市教体局有关负责人表示，除四川大学眉山校区落户外，清华附中也落户眉山天府新区，全市51所中小学（幼儿园）与成都优质学校结对共建。眉山还加入成

第五章 "东坡故里"——眉山故事

四川大学华西第二医院眉山市妇女儿童医院正式开诊（眉山日报社供图）

渝（中部）职业教育联盟、川渝高校就业联盟，与14个市（区）携手并进加强跨区域校校合作、校企合作、产教融合。

此外，成眉两地基本实现了三级甲等医院间检查检验结果互认，取消毗邻地区乡镇卫生院异地就医备案。成德眉资4市实现了社保无障碍转移，劳动能力鉴定、医学检查报告互认以及婚姻登记跨市通办、图书通借通还、公积金贷款异地使用，166个政务事项"同城化无差别"受理。

以民生为导向，成眉同城化发展的成果正在被更多人共享。对不少眉山人来说，"双城""双圈"不是大而悬的概念，而是身边可观可感的现实，是获得感与幸福感的体现。公交同城、产业同链、生活同质……越来越多的"圈"中人享受到发展的红利，他们随着城市融合的脉动，将理想照进了现实。

2. 天府新区——开放的"桥头堡"

眉山天府新区，是顺应国家级新区——四川天府新区建设，以四川天府新区眉山区域为核心，由眉山市设立的一个专属经济区，新区雏形自2013年开

沃野天府

始运行。作为国家级天府新区的重要组成部分，眉山天府新区具有改革先行先试、开放前沿阵地、创新要素集聚等独特优势。承担国家重大发展和改革开放战略任务，是新区肩负的重大使命。自设立以来，新区依托地处成渝双城经济圈中心腹地和成都都市圈发展前沿阵地的地理优势，以融入成都、开放发展为坚定取向，集聚发展要素，成为眉山开放发展的"桥头堡"和创新驱动的"主引擎"。

近年来，新区聚力建设内陆开放新门户，通过不断深化多领域、全方位、深层次的对外开放，扎实推进市县"2号"公章授权、"大部制"管理体制等重点改革，先后争创中国（四川）自贸区眉山协同改革先行区、跨境电子商务综合试验区等重大平台，目前，10余个开放平台争创成功，为产业突破发展提供了强劲动力。

眉山天府新区（眉山日报社供图）

持续提升开放水平，离不开优质的开放环境。党的二十大报告提出，营造市场化、法治化、国际化一流营商环境。新区秉承稳定的经济大盘、高质的发展效果都离不开优质的营商环境的理念，不断深化"放管服"改革，切实解决市场主体关切的审批堵点、监管盲点、服务痛点，创新政务服务理念机制、方法手段，全面落实优化营商环境，护航新区经济社会高质量发展。

制定《眉山天府新区2022年推动新区制造业高质量发展实施方案》，出台《眉山天府新区促进现代服务业发展的若干政策措施》，推进"个转企""小升规"工作，构建"4+3"现代服务业产业体系。出台工业"12条"、数字经济"12条"、卫星应用"10条"，精准高效导向，强化财政投入、金融支持、科技创新等政策支持，引导各类优势资源要素向主导产业集中集聚。建立标准化"一对一"服务流程，创新开展"一企一策"，开展"企业大走访"暖企护航活动，召开企业"吐槽大会"收集企业诉求，设置"办不成事"反映窗口等，切实为企业减负增效。推进"一网通办"，在全市范围内率先推行"一照通"改革试点，推动"一件事一次办"改革，取消64项"奇葩"证明，全面推行"网上办""掌上办""自助办""邮寄办"，持续提升政务服务效能。

一系列实质性开放举措创新推出，在减环节上持续发力，在提升办理效率上下功夫，在优化服务质量上作文章，让企业敢于落户新区，能在新区安心经营，做大做强。2024年上半年，新区签约引进天奈科技、天齐锂业等项目10个、协议总投资超80亿元；菲斯特、通威220千伏变电站及配套工程等54个项目落地开工，腾讯音乐潮玩露营基地等35个项目竣工投用；全省迎峰度夏保供重点项目500千伏串抗工程尖山—彭祖串抗站、成眉杉杉220千伏输电线路工程AB段建成投用。

3. 都市圈的南向开放通道——眉山国际铁路港

眉山国际铁路港坐落于眉山天府新区，是成都南向出城第一站，距双流、

沃野天府

眉山国际铁路港中老铁路（眉山—万象）国际货运列车首发（眉山日报社供图）

天府双国际机场均不超过半小时车程，是具有"空港+水港""高铁+高速"立体交通网络的工业物流聚集地，南向门户功能明显，在成都都市圈南面具有突出优势。

为持续融入"一带一路"建设，不断抢抓RCEP重大机遇，迅速拓宽东盟市场，打通眉山南向物流通道，眉山国际铁路港持续深化与成渝两地物流通道合作，坚持以"立港口、强通道、促贸易、聚产业、谋发展"为导向，致力于服务眉山本土及周边区域企业融入全球供应链体系。

截至目前，眉山国际铁路港已先后开行了到白俄罗斯明斯克、德国汉堡、波兰罗兹的中欧国际班列，经过广西钦州通过海运至越南胡志明市、缅甸仰光市的西部陆海新通道班列，沿中老铁路达老挝万象的中老铁路国际货运列车。自2021年6月首发班列以来，眉山国际铁路港已开行西部陆海新通道班列86列，中欧班列9列，中亚班列3列，中老班列2列，进出口货物量达14万吨，班列开行逐步跑出"加速度"、迈进"快车道"。

（三）宜居导向：生态优美、功能完备的品质立市之路

以城市发展提升辖区居民的幸福感，是眉山的不懈追求。按照"品质立市"总目标，眉山紧扣"东坡故里、品质眉山"定位，以城市建设带动城市发展、提升城市品质，塑造人性化城市、人文化气息、人情味生活，让更多人喜欢眉山、向往眉山、留在眉山。

1. 城市新中心，格局新突破

开拓，是一座城市发展的必经之路。在国省战略的推动下，眉山迎来了城市格局的新突破。东坡故里，岷江之畔，眉山城市新中心正拔地而起。

2021年11月，眉山市第五次党代会提出：在东彭融合区域高标准规划建设城市新中心，并赋予其打造城市极核关键区、城市能级引爆点、高品质生活新

眉山城市新中心规划图（眉山日报社供图）

沃野天府

地标的时代使命,进一步推动东彭融合发展、提升城市能级,推动人口、产业向中心城区集聚,打造双百城市。至此,26.06 平方千米的眉山城市新中心应运而生。这是眉山服务国省战略的重要举措,也是推动"三市一城"建设的内在要求,更是眉山践行新发展理念、带动东彭融合、融入成都都市圈城市之"芯"的有力抓手。

眉山城市新中心位于东坡城区和彭山城区之间,以岷江冲积平原为主,地势平坦,外江内湖、左田右水,规划面积 26.06 平方千米,可建设空间约 14.36 平方千米。东至滨江大道,西至成绵乐城际铁路以东 200 米,南至东坡区科二路东段和天府大道西段,北至彭山区兴旺路,眉山城市新中心是眉山城市发展的主方向,是眉山坚定北上、融入成都的主战场。眉山城市新中心由北湾岛、中湖城、南都会三个组团构成,重点布局总部经济、金融商务、教育医疗等功能,紧扣"东坡故里、品质眉山"城市定位,推动"东彭融合、拥江发展、组团布局、强核提能"。

交通通畅便捷是新中心最显著的优势。"东彭 10 分钟、东彭仁新 20 分钟、成眉 30 分钟"都市高效通勤圈正在形成,成眉 S5 线与眉山城市新中心眉山北站直接接驳,半小时内直达成都天府新区核心区域,是眉山未来最具发展潜力的增长空间。历史文化为新中心赋予浓厚底蕴。眉山城市新中心位于三苏文化与彭祖文化交汇带,历史底蕴深厚,有普照寺、光武寺、神仙桥等,具有浓郁生态文化特色和传统眉州韵味的文化资源。

2. 从商业住宅到湿地公园,东坡岛"变身计"

白鹭成群,大片的芦苇、蒲草在风中尽情摇曳,清澈的湖水下,苦草、水蕴草等植被直立水中。这是眉山东坡城市湿地公园里各类植物景观带给每个靠近它的人的视觉清新体验。这片 3500 亩左右的湿地,在城市中起到了净化生态、保护生物多样性等作用。

第五章 "东坡故里"——眉山故事

眉山东坡城市湿地公园（眉山日报社供图）

东坡岛总面积约 6000 亩，是四川最大的江河冲积岛，位置十分优越，正好在眉山整个城区规划的"中心"，而岛的东西两侧分别是东坡湖和岷江河畔，自然环境得天独厚。光环叠加，东坡岛可谓各开发地中的"热点"区域。起初，为了高效利用每一片土地资源，它曾被规划为一个填湖造城、可以容纳 7 万人的高度商业化住宅区。然而在效益的面前，生态却是更为长远和深重的问题。为了让东坡岛的开发尽可能不影响原有自然生态，也为了让市民拥有更多绿树、草地，东坡岛的规划一改再改，最终落实时岛上住宅人口仅剩 3 万人，腾出了一半以上的面积（约 2500 亩），用来建设东坡城市湿地公园。

从 2012 年开始，眉山全市推行"绿海明珠、千湖之城、百园之市"三大工程，力争让市民"出门见绿、500 米见园、1000 米见水"。规划建绿、见缝插绿、集中补绿，眉山将"绿海明珠"镶嵌在每个公园、每条街道。岷东新区滨江公园依山就势而建，将长势茂盛的竹林、果林等全部保留，对可利用树木圈定拍照禁止砍伐。为解决老城区树木太过茂盛影响路灯照明的问题，把10米路灯架"砍"成4米，不让树"光头"。现在彭山有"五湖四海"，仁寿有中央水体公园，"八百湖堰润丹棱"。

目前，眉山全市森林覆盖率达到50.25%，高于全国平均水平，成功创建全国文明城市、国家卫生城市、国家森林城市、国家园林城市。各类公园达187个，人均公园绿地面积达14.9平方米，居全省前列。

第五章 "东坡故里"——眉山故事

三、城乡融合：
新时代眉山农村展现新气象

（一）保地稳粮：新时代更高水平"天府粮仓"的"永丰日记"

耕地保护和粮食安全，是习近平总书记反复强调的"国之大者"。2022年6月8日，习近平总书记莅眉调研的首站就是关乎"国之大者"的一个普通村庄——永丰村。在这里，他步入稻田看秧苗长势，走进乡村话接续振兴……习近平总书

永丰村高标准农田（眉山日报社供图）

记强调，成都平原自古有"天府之国"的美称，要严守耕地红线，保护好这片产粮宝地，把粮食生产抓紧抓牢，在新时代打造更高水平的"天府粮仓"。

作为眉山有名的种粮村，永丰村早在2009年便开始推进高标准农田建设，2015年便实现了耕、种、播、收的全程机械化。其中，水稻种植面积占全村耕地面积九成以上，建成了3100亩高标准农田，连片种植1500亩。2017年，四川农业大学水稻研究所马均教授在种粮大户马克勤种植的试验田测产969公斤，该品种为C两优0861，创造了2017年至今成都平原地区水稻超高产纪录。2018年，以永丰村高标准水稻种植基地为重要组成部分的东坡区现代农业产业园，成为首批认定的国家现代农业产业园。

2022年8月下旬，永丰村5760亩稻谷接连成熟，实现丰收。"2022年，永丰村获得大丰收，粮食总产量超4000吨，亩均稻谷产量达700公斤，村民的收入也提高了，各项指标创下新高"，村委书记李雪平说，"今年永丰村的耕地面积已从之前的6320亩增至6500余亩。增加的耕地都用于粮食生产，确保永丰村的耕地总量只增不减"。

严守耕地红线，让每一亩耕地都成为丰收的沃土，永丰村努力的背后折射出整个眉山市对耕地的保护。眉山牢记习近平总书记"保护好这片产粮宝地，把粮食生产抓紧抓牢"的殷殷嘱托，编制全市总体规划，重点建设永丰核心样板区、三大灌区粮食主产带和10个万亩以上粮油园区，聚力打造"美田弥望、稻谷飘香、物阜民丰、幸福和乐"的天府粮仓示范区。

1. 守牢产粮宝地

依托自主发射的"天府星座"遥感卫星，建立田长制智慧管理系统，设立四级田长1876名，配备"四员"队伍8083名，强化"空天地网"立体化监管。大力实施耕地恢复行动，构建"国企主导、政府奖补、多方参与"的撂荒地整治机制，找回流出耕地7.8万亩，复耕复种撂荒地6.4万亩、批而未用土地1.05

万亩，连续两年实现耕地总量净增加。

2. 建设天府良田

争取在全省整市推进高标准农田建设试点，制定全省首个地方高标准农田建设标准，投入8.1亿元新建高标准农田24.4万亩，获全省高标准农田建设综合评价第1名。全市计划5年投入20.8亿元、新建52.5万亩，实现符合条件的永久基本农田全覆盖。

3. 推进科技种粮

建成新品种新技术试验示范基地3410亩，试验新品种60多个，推广玉米大豆带状复合种植12万亩、果园间套种粮食10万亩，主要农作物耕种收综合机械化水平达76%、居全省第2位。2022年，全市粮食亩产413.4公斤、居全省第1位。

4. 培育新型主体

实施粮食规模种植业主、社会化服务组织培育计划，开展种粮农民职业化试点，累计培育社会化服务组织3287个、种粮大户884户。"东坡大米"区域公用品牌正式发布。

（二）产业富民：接二连三打通"富民路"

乡村振兴，产业是支撑，抓产业就是抓发展。产业旺了才能带动农民增收致富。习近平总书记强调，农业农村工作，说一千、道一万，增加农民收入是关键。为实现巩固拓展脱贫攻坚成果同乡村振兴有效衔接，眉山立足实际，不断夯实农业产业之基、彰显乡村生态之美、探寻农村善治之策、拓展村民共富

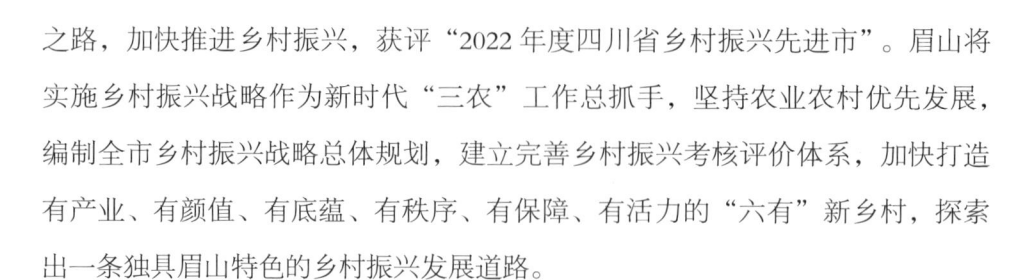

之路，加快推进乡村振兴，获评"2022年度四川省乡村振兴先进市"。眉山将实施乡村振兴战略作为新时代"三农"工作总抓手，坚持农业农村优先发展，编制全市乡村振兴战略总体规划，建立完善乡村振兴考核评价体系，加快打造有产业、有颜值、有底蕴、有秩序、有保障、有活力的"六有"新乡村，探索出一条独具眉山特色的乡村振兴发展道路。

产业是乡村振兴的"牛鼻子"，念好"优绿特强新实"六字经，眉山以现代农业园区为重点，着力培育特色优势产业。按照"做大做强主导产业、做精做优特色产业、做稳做特粮油产业"的思路，重点围绕泡菜产业、晚熟柑橘产业、竹产业和现代畜牧业等重点，培育泡菜、晚熟柑橘、平面竹编等全国最大的特色产业3个，奶业、枇杷、水产种苗、蜂蜜、设施葡萄、藤椒等全省最大的特色产业6个，泡菜产业创造"六个全国第一"，"味在眉山"千亿食品产业实现年销售收入839.5亿元。2023年眉山市第一产业增加值242.31亿元，增长4.6%，农村居民人均可支配收入23099元，增长6.1%。

1. 三产融合："小泡菜"做成"大产业"

到眉山人的家里做客，准能发现一个个"小罐子"，里面装着眉山的国家地理标志保护产品、最普遍的"下饭神器"——"东坡泡菜"。这项具有1500多年历史的民间饮食技艺，在眉山被挖掘出了新的时代价值，做成了"大产业"。

食品产业的市场特点是产品小、单价低，竞争极其激烈，如何让"东坡泡菜"为大家带来稳定收益，成了眉山泡菜产业发展首要解决的制约难题。如何降低成本？眉山瞄准了泡菜生产、运输等硬件方面，投入逾10亿元，为12个万亩泡菜原料基地完善了田、渠、路基础设施，形成网状互联互通格局，大大降低了生产运输成本。如何保障销量？眉山实施了"订单+保单"模式，工农互补，让优质的泡菜原料能够生产、确有销路、必有收益。

如何实现稳定收益？食品产业的市场大、消费量大，因此对原材料有着极

第五章 "东坡故里"——眉山故事

东坡泡菜（眉山日报社供图）

大的需求。眉山加强泡菜生产加工产业链的每一个环节衔接，注重形成生产加工的产业集群，通过产业带动农业、工业带富农民、城镇化带动乡村的发展路径，在产业转型升级的过程中带动了数万群众致富。

发展方式如何创新？眉山围绕泡菜产业创造了六个"全国第一"（建成全国第一个泡菜产业园区、全国第一个国家级泡菜质量监督检验中心、全国第一个泡菜产业技术研究院、全国第一个中国泡菜博物馆、全国第一个泡菜行业标准、全国第一个泡菜行业AAAA级景区），"东坡泡菜"从眉山家家户户桌上的小开胃菜，摇身一变成了销售收入几百亿元的大产业。

产业规模如何做大？2015年眉山发布"味在眉山"千亿产业规划，形成了以泡菜为主，统揽餐饮、粮油、调味品、糖果糕点、乳制品、畜产品、茶叶等13类特色食品的产业体系，打造出从田间到餐桌的千亿食品产业。"味在眉山"的一步步落地推进，得到了现实的回应。2022年，"味在眉山"食品产业销售收入突破 1200 亿元。

东坡区是眉山泡菜产业的主阵地。近年来，东坡区抓住产业基础良好的优势，持续发挥食品产业主导引领作用，全力推动食品产业实现规模化、品牌化和链条化发展。2022 年眉山泡菜产业销售收入达 223 亿元，市场份额占全国 1/3、全省 1/2，并且远销海外。

2. "梨"不了的幸福树

"梨花淡白柳深青，柳絮飞时花满城。"每年春季，四川仁寿曹家镇遍地梨花盛开，如雪如云，吸引众多游客前来观光打卡。曹家镇依托万亩生态梨园，将梨花文化活动作为乡村旅游的一张名片。

四川省眉山市仁寿县曹家镇地处龙泉山脉尾端，自明末清初开始规模种梨，至今，还完好保留着一片百年古梨园。老百姓上百年的梨种植历程，验证了这里富含锗元素的土壤非常适合种梨。"种品种最好的梨，种科技含量高的

曹家六月雪梨选果装箱（眉山日报社供图）

梨，种质量最好的梨，种辐射面积广的梨"，梨产业成为乡村的产业核心。为积极响应国家乡村振兴号召，深挖"百年梨乡"历史文化底蕴，曹家镇突出优势产业，打造"一核心两延伸"的曹家梨产业模式。"一核心"是指以梨树种植为基础的产业核心。"两延伸"分别指"以眉山市第三批文物保护单位古梨园为主题的梨旅文融合延伸"和"以眉山市市级现代梨产业园区为主题的梨全产业链延伸"。

曹家镇坚持产业景观化、景观产业化，用好"曹家梨"金字招牌，推进梨农、梨旅"合二为一"，让梨文化"软实力"变成乡村振兴"硬支撑"。一是做实产业链，夯实产业融合基础。规模种植优质富硒六月雪梨、富硒黄金雪梨等早、中、晚熟品种30余个，依托曹家镇水果专业合作社，制定梨收购六大品控标准，确保向市场输出高品质梨。实施电商＋微商＋实体销售模式，与京东众筹、伊藤洋华堂等企业签约合作，推广"味在眉山 天府仁品"曹家六月雪梨，并进入日本、澳大利亚等国际市场，形成"线上推广、线下铺市"的战略格局。二是提升价值链，做强产业融合效益。深入挖掘梨文化，举办曹家富硒土壤高峰论坛、伊藤洋华堂曹家六月雪梨品控发布会、曹家梨文化推广、曹家梨摄影和文学作品大赛等活动，每年的夏秋季，正是梨采摘的最佳时节，每到此时，仁寿县曹家镇都会举办敬梨仪式、采摘活动、丰收节、乡村迷你马拉松等特色梨文化推广活动。近年来，该镇不仅利用土地整理项目，修建产业大道，大力发展现代梨园，还依托旅游扶贫项目、乡村振兴项目和以工代赈项目，进一步完善核心景区旅游基础设施，推动园区向景区发展。

（三）乡村善治：基层治理的乡村新模式

乡风淳则社风清，社风清则社稷安。眉山市积极探索乡村治理方法和经验，充分发挥基层党组织战斗堡垒作用，推进乡风文明与治理有效紧密结合，创新构建"乡土性 + 现代性"的乡村治理模式，并以此为基础，将基层治理与乡村产业发展、生活环境整治等工作紧密结合，取得了良好实效。

1. 建在产业链上的党支部

眉山市彭山区观音镇果园村依托葡萄产业发展现代农业，是远近闻名的全国乡村特色产业亿元村、省级文明村，因为种植葡萄，这个原本名不见经传的小村声名鹊起。成片的葡萄园成为村民的"摇钱树"，为村庄"摇"出了上亿元的产业。

曾经的果园村，面临着和许多乡村一样存在的"空心"难题。在家种地赚不了钱，青壮劳动力只能离家打工，仅剩老人和孩子留在村里。土地撂荒、交通不便、房子老旧……而现在，果园村可谓是"大变身"。美丽的葡萄园、宽敞的马路、整洁的楼房、完善的设施……

当地人说，这一切离不开果园村的李书记。2010 年，45 岁的李永伟当选为党支部书记，这次当选，改变了李永伟的人生轨迹，也改变了果园村的面貌。

不想自己的家乡继续衰落下去的李永伟，决定带领大家找一个"兴旺"的办法，他们发现了"一村一品"的发展道路。可这个"一品"的抓手在哪里？李永伟和村干部们都陷入了苦思。大家四处走访、考察、调研，各种成功经验迷花了眼。有人说要不就种粮食，这里地势平坦，可以卖也可以吃；也有人建议种水果，说卖出的价格不错，效益很高。李永伟认真思索之后，想到村里有几户人家已经通过种植葡萄赚到了钱，想到果园村的名字，就决定尝试以葡萄作为主产业。

方向定了，可怎么着手呢？村两委想到了"产业链上建支部"的想法，通过党组织的凝聚力、先锋性来推动葡萄产业迅速落地生根。果园村设置了 6 个党支部，分别建在专合社、家庭农场、农业龙头公司、扶贫开发等分类上。引品种、学技术、强基础、树品牌、拓销路，党员队伍身先士卒，样样争先。村

第五章 "东坡故里"——眉山故事

彭山区观音镇果园村葡萄园直播（眉山日报社供图）

民不了解、不愿意种，党员就带头种；村民不知道怎么种，党员就组建服务队，先学然后免费提供指导；葡萄不知道怎么卖，党员队伍就积极联系买家，保障销路。在党支部的带领下，果园村的葡萄产业搞得有声有色，村民们很快尝到了"甜头"，变成了发展葡萄产业的积极分子。

一面面红色旗帜飘扬在群众最需要的地方，村里近200名党员在不同的党支部中，承担着包括了解民意、技术指导、产业规划等的不同职责，率先垂范，以身作则，形成了"党建引领强产业，干群齐心奔小康"的局面。以葡萄产业为引领，2020年全村人均纯收入达到3.1万元，较种植葡萄前翻了15倍。果园村入选全省十佳生活富裕村，获评全国乡村特色产业亿元村；乡村振兴经验在中宣部"走向我们的小康生活"主题活动上交流推广，为全省唯一。

2. "一元钱"搞定村里的"垃圾难题"

农村垃圾治理投入难、减量难、监督难、常态维持难的"四难"问题一直是考验基层治理的一道难题。十多年前，眉山市丹棱县的乡村中垃圾"围河、围路、围房"现象随处可见，群众怨声载道，基层组织束手无策。

2011年1月，丹棱县以丹棱镇龙鹄村为试点，探索实践农村生活垃圾治理"一元钱"模式，农村生活垃圾治理过程中的投入、监督、保持难题得到有效解决，生活环境得到极大改善；8月，全域推行，"龙鹄模式"上升为"丹棱模式"，创新走出了一条节约、实用、可持续的丹棱农村生活垃圾治理新路子。2014年11月，"丹棱模式"首次在全国农村生活垃圾工作电视电话会议上被推广，为全国唯一。2015年12月，全国农村垃圾处理验收会在丹棱召开，丹棱县代表四川省接受并通过住建部等十部委验收，"丹棱模式"升华为"全国经验"。

至此，丹棱县彻底走出了政府治理农村环境卫生"大包大揽"困境，提升了村民素质，改善了环境质量，塑造了美丽乡村形象，先后被评为全国首个农村生态文明家园建设试点县、全国农村人居环境整治激励县、全省第4个国家可持续发展试验区、国家级生态示范区、全国农村一二三产业融合发展先导区、四川省首批实施乡村振兴战略工作先进县。

第五章 "东坡故里"——眉山故事

"一元钱"垃圾治理到底是怎么回事，如何做到花小钱办大事呢？

首先是因地制宜建分类收运设施。丹棱县逐步创新了"因地制宜、三级连贯"的做法。从垃圾的"出生地"就开始着手。每一户农户家里的厨房、杂物间或房屋角落必须有相应的垃圾分类设施，分别为厨余垃圾、有害垃圾、其他垃圾以及可回收垃圾等4类。在源头进行分类后，各基层组织要统一修建垃圾收运设施。这个设施的修建不以乡镇、村（社区）等行政区划作为界限，而是按照"方便农民、大小适宜"的原则，尽可能从生活便捷的角度，在邻近、集中的3～15户农户之间统一修建垃圾分类收集亭和其他垃圾收集点，在每1～3个组的中心位置建联组分类减量池，在能通行压缩式垃圾车的村道旁建村收集站，用最低成本完善了农村生活垃圾分类收集基础设施。垃圾集中后，第三步就是转运工作。丹棱县系统分析了乡村道路的分布情况，科学规划出全县乡村垃圾收集站的8条运行线路。为了提高效率，垃圾转运处理工作一齐外包，由环卫公司统一安排垃圾车每天定时定点逐一清运处理。至此，丹棱县用成本最低的方式，完成了源头、集中、转运垃圾收运设施的建立，完善了"户分类、村收集、县转运处理"垃圾无害化运输处置体系。

然后是分类收集实现源头减量。丹棱县探索了"农户主体、源头减量"的做法。通过制定《村规民约》，印发宣传画，入户指导村民按4类进行初分类投放处理垃圾。一是厨余垃圾力争不出户，引导村民将水果、蔬菜等容易腐烂的垃圾就地处理，将此类垃圾转变为燃料、肥料；二是有害垃圾定点投放，鼓励村民将弃用的农药盒子、袋子等包装物，拿到各村道德超市中换取积分，积分可用于兑换各种日用、农用物品，或者直接投放到垃圾分类亭对应垃圾桶中，最后由县上招标公司收集暂存后定量进行无害化处置；三是可回收物实现再利用，引导村民将垃圾中的可回收物以自行出售、道德超市积分兑换、回收公司上门收购等方式，实现变"废"为"宝"；四是其他垃圾集中处理，引导村民将其他垃圾投放到垃圾分类收集亭相应位置，由垃圾车统一转运无害化处理。

沃野天府

从处理情况看，垃圾日产量为110吨，其中工程焚烧35吨，入沼气池或还田约60.2吨，可回收约6吨，其他8.8吨。目前，无害化处理率约93%，分类减量率约60%，基本实现无害化、减量化、资源化处理。

垃圾收运的框架建好了，如何让群众参与进来？如何让大家愿意掏钱？如何监督每一个环节的实施效果？丹棱县的应对方案是"群众主体、三方监督"。

一要确立群众的主体身份，激发群众在垃圾治理过程中的主人翁意识。各村以村两委为主发力点，通过大会、入户等方式，广泛宣传环保法律法规，让"谁污染谁治理"的理念进入千家万户，让老百姓产生对整洁村庄的向往，以及产生自己必须处理垃圾的强烈责任感。二是充分发挥村民自治在垃圾收运过程中的主动性。垃圾转运费用的筹集通过"一事一议"方式来达成，引导村民自愿交付每月不低于1元的垃圾清理费用，专门用于公共区域垃圾的清扫、收集、运输、处理等工作，村集体经济收入和县财政补助作为后补。三是三方互动监

丹棱县龙鹄村的分类垃圾箱（眉山日报社供图）

督保证实施效果。三方指的是村组干部、承包人和村民,各村通过村规民约、合约签订等有效形式明确三方权责。由三方代表组建卫生管理小组和村民代表卫生监督小组,实现互动监督。

农村生活垃圾收集和保洁费用筹集后,怎么公开透明用好费用,达到每天收集和常态保洁目的?丹棱县采用"项目管理、市场运作"方式。

一是真实数据为底,科学测算为计。各村翔实记录垃圾产生量、分类设施数、公共区域面积、河流等数据,并严谨测算全村垃圾整理和承包的预算费用。二是实行项目管理,进行公开招标。按照严谨合法合规的流程、模式,对村级农村生活垃圾收运全部实行项目化管理,决策全部经由村民大会和村民代表大会确定,农村生活垃圾收集和公共区域常态保洁承包人全部采取自愿报名、公开竞标的方式确定。三是签订相关协议,明确各方权责。承包人与村委会签订垃圾清运承包协议,明确工作职责、费用支付、安全保障、社会保险、违约责任等。承包人再根据实际需要组建保洁清运队伍,自购转运车辆、落实清运任务。

第六章

蜀道明珠、生态名城
——广元故事

　　一部蜀道史，半部在广元。

　　纵贯广元全境的剑门蜀道，是南北交融的重要走廊，是千年岁月的痕迹。从古蜀王助武王灭商到秦灭巴蜀，秦始皇一统华夏，历代中原王朝统一边疆，再到现代广元走向现代化，蜀道都发挥着极其重要的作用。其在时光隧道中谱写了光辉灿烂的篇章。广元，蜀道明珠，一座从红色走向绿色的历史生态名城。千年的历史底蕴使之位处险地而闻名于世，南北与中西文化在此交融，本土文化在此萌芽，为后世红色革命在此扎根积蓄文化养分。跨越千年，热血参军报国的广元儿女呈现的以爱国主义为核心的民族精神，全力建设三线和众志成城抗震救灾呈现的以改革创新为核心的时代精神，点点滴滴汇成了中国精神。这些精神穿越时空，经久不衰，滋养着广元人民。蜀道虽难，但人民无畏！在习近平总书记的重要讲话精神指引下，广元人民以千年生态传承翠云廊为源头，以嘉陵江水域生态治理为基础，以人与自然和谐共生的理念，以丰富的原生独特自然禀赋，构建起以现代清洁能源为动力的绿色产业生态典范城市。

沃野天府

一、浸润千年文明的蜀道明珠

（一）剑门蜀道九百里，文化史诗两千年

一部蜀道史，半部在广元。纵贯广元全境的剑门蜀道，是各民族交往交流交融的重要走廊。从古蜀王助武王灭商到秦灭巴蜀，秦始皇一统华夏，乃至历代中原王朝统一边疆，蜀道都发挥着极其重要的作用。

"蜀道难，难于上青天。"一句太白诗，将蜀道刻入中国人的文化基因。再读《蜀道难》，何不感叹："剑阁峥嵘而崔嵬，一夫当关，万夫莫开。"不由得抵近思考，九百里的剑门蜀道，多少绝迹都在广元这座川北名城。两千年的岁月，不仅没有使这座蜀道名城湮没于时间长河之中，还使之因历史的积淀和岁月的反复打磨而脱尘而出，成为镌刻在九百里剑门蜀道上的一颗历史文化明珠。

虽然蜀道南北绵延九百里，但是历史浓墨重彩的一笔却主要落在广元境内。汉初名臣萧何是历史上首次以蜀道为对象作诗歌来表达情感倾诉的历史名流。"月峡巍峨兮，壁高入天。"所咏正是剑门蜀道的北线核心栈点广元明月峡（朝天峡），明月峡是中国道路交通发展的活化石，穿越历史般汇集了跨越千年的六套道路，即先秦古栈道、嘉陵水道、纤夫鸟道、金牛驿道、108国道以及宝成铁路隧道。可谓是一处明月峡，一座国家道路交通博物馆。

第六章　蜀道明珠、生态名城——广元故事

游人抵至剑门蜀道无论如何也绕不开剑门关。广元剑门关，因山势险峻而独绝巴蜀。雄关险峻源于大自然的鬼斧神工，山海相移的地质运动形成大小剑山。山山相对，七十二峰尖锐如剑，中间唯独留下峡谷形似山门。绝壁取道、地利所成，乃兵家必争必守之地。三国时期，诸葛亮取剑山之势，依崖砌石，架梁筑阁，始成剑阁。从此千年剑门关从未被正面突破。尤其是蜀汉大将姜维在此镇守剑门关，据天险而守蜀安，迫使魏国军队不得不另谋新计进攻巴蜀。这段故事成为三国主题故事之中最为精彩的一部分。去剑门关，访姜维城成为诸多三国迷心中的愿望。而今，走在剑门蜀道，登上剑门关关楼，俯仰之间尽是千年岁月。

千年的跨越，从古苴国到今广元市，岁月在这里演绎了太多的文化史诗。从秦灭巴蜀的葭萌之战演奏中华民族统一的前奏曲，到三国纷争在此处演绎贤相名将的悲壮故事，再到千古绝诗《蜀道难》一词一句代言千年剑门关，最后到赤旗插在志公寺解放广元的革命史诗，让这片土地的文化内核嵌入民族发展史中经久不衰，活力永续。

千年之后再回首，蜀道何益通秦川？自"五丁开道"，秦巴一统，古蜀道上便开始奔驰着万千铁骑、信使邮差，迎来无数文人墨客、帝王将相、才子佳人、商贾游子……他们或吟诗题对、或挥毫泼墨、或提笔为画；一首首低吟浅唱动人心魄，一幅幅山水画卷流芳争艳，一幅幅墨宝笔走龙蛇，一道道碑刻冠绝千古，一出出戏剧惟妙惟肖，构成绚丽迷人的蜀道文化景观！据史料记载，仅以蜀道为题的历代诗人名家辈出，创作诗词歌赋2000余篇（首），留下的绘画、书法、石雕、碑刻、戏剧、民间小调等艺术作品更是汗牛充栋，熠熠生辉！这座拥有承载着悠久历史和厚重文化底蕴的文化名城，成为中华民族交往、交流、交融的历史活化石，中国交通发展的博物馆，诗文荟萃的文化长廊……

沃野天府

（二）千古君王——女帝，女儿文化发源地

广元是中国历史上唯一的女皇帝武则天的出生地。她从这里，走向长安。武则天在利州的 14 年是其从出生到贞观十一年（公元 637 年）入宫为才人前不侍皇家、偏得自由的存在，这段经历和之后其人生轨迹的巨大变化截然不同，这也是当地诸多传说为何总是关切武则天晚年对于出生地的怀念的缘故。武则天建立武周政权之后，捐施脂粉钱在广元兴建川主寺，后拟以"皇恩浩荡，泽及故里"之意改名"皇泽寺"。皇泽寺作为我国现存唯一的武则天祀庙，寺内保留有则天殿、二圣殿、武氏家庙、钟鼓楼等建筑和历代关于武则天的碑文、诗歌记录。二圣殿正中，分别供奉着二圣，即唐高宗和武则天，殿两侧塑有二圣两朝的九位大臣。二圣殿的内部设置既体现了武则天作为封建王朝时期卓越的女性政治家特殊的地位和政治才能，又反映了其还周于唐，"去帝号，称则天大圣皇后"的临终遗诏。则天殿立有国内唯一的"武后真容"石刻像，故历史也称"武后真容殿"，殿内呈武氏家系图和武则天石刻碑画像以及广政碑、"升仙太子碑"等重要史料。殿中陈列宋庆龄题词："武则天是中国历史上唯一的女皇帝，封建时代杰出的女政治家。"一词点金，高度概括了武则天一生的政治成就。

"正月二十三，妇女游河湾。"自唐时起，民间为了纪念女皇武则天，祈求福泽利州，都要举行盛大的庆祝活动。古时候的利州，民间女子身着华丽服饰，汇集在嘉陵江两岸，游江而庆。文化的感染力吸引着广元历代志士对武则天历史名人文化进行挖掘、梳理、表达，倡树"巾帼图治，敢为人先"的历史名人文化精神。当地将这种历史名人文化精神与以人民为中心的时代特色结合，继续弘扬"女子能顶半边天"的妇女精神，逐步成为地方独具特色的女儿文化。

节日是文化传承的最好载体。1988 年 5 月，广元城区的东山之巅建起了一座纪念武则天的 13 层建筑——"凤凰楼"。1988 年 6 月 14 日，广元市人大一

届常委会第二十次会议认真审议了市政府《关于恢复"女儿节"的议案》，为激励广元妇女进一步发扬自尊、自强、自爱的精神，为广元振兴经济、促进社会繁荣作出贡献，决定每年9月1日为广元"女儿节"。连续举办35届的广元女儿节已成为广元独特的民俗文化名片。其中，广元女儿节的传统特色活动——凤舟赛已成功申报为"中国体育非物质文化遗产保护推广项目"。2011年，广元女儿节被列入四川省第 批省级非物质文化遗产名录，成为我国最具特色的民间节庆活动之一。

皇泽寺武后真容石刻（中共广元市委党校供图）

广元女儿节作为女儿文化的现实载体，如同一棵扎根历史土壤的参天大树，已经在这片土地上生根发芽，茁壮成长，也引导着无数广元女儿巾帼不让须眉，撑起属于女性的天地。而女儿文化的时代性发展既是对历史的致敬和文化的传承，更是对女性的尊敬与认可，诠释着女性自尊、自信、自立、自强的精神内涵。

（三）石窟艺术中国化，一万七千佛上崖

蜀道石刻有摩崖石刻、碑碣、阙表、墓葬题记、佛教与道教造像等诸多类

沃野天府

女儿节开幕式（中共广元市委党校供图）

型，其对于研究古代四川政治、经济、文化、艺术、风俗、民情、家族等交往、交流、交融史，具有极高的学术研究和史料价值。其中摩崖石刻是广元蜀道石刻艺术最为辉煌的代表，北魏至清，千年不曾中断，是现存少有的"历代石刻艺术的陈列馆"。从2021年的全国石窟寺专项调查结果来看，四川数量居全国第一。其中广元摩崖造像石窟群是四川省开凿最早、数量最大、延续时间最长的石窟群。摩崖造像石窟群主要包含千佛崖造像、皇泽寺摩崖造像以及观音岩摩崖造像。

千佛崖造像全长388.8米，崖顶高84米，龛最高处距地面45.5米宽。龛窟作多层次排列，最多达13层，现有54窟、819龛，大小造像7000多躯。主要佛窟有大云吉洞、大佛窟、三圣堂、北大佛窟、多宝佛窟、莲花洞、千佛窟、藏佛洞、菩提瑞象窟等。千佛崖造像无论其规模、内容和雕凿水平，还是洞窟形制、造像风格、布局等方面，都可与同期中原各大石窟如莫高窟、龙门石窟、云冈石窟等相媲美，是我国佛教艺术的珍贵遗产；皇泽寺摩崖造像现存龛窟50个，其中大窟6个，造像1203躯。龛主要有中心柱窟、五佛窟、大佛窟、"则

第六章 蜀道明珠、生态名城——广元故事

千佛崖造像（中共广元市委党校供图）

天真容"雕像窟等。不仅文物价值极高，且有极高的观赏和研究价值，被专家们誉为中华传统文化的瑰宝；观音岩摩崖造像位于广元市城南十五千米外的三河乡新民村嘉陵江东岸，其造像依山顺壁而凿，分南、中、北三段，全长约500米，大小龛窟132龛，造像442尊，其中以南段保存最为完好，造像也最为集中。观音岩摩崖造像内容丰富，除佛像外，还有文殊、普贤、地藏等菩萨像。造像形式有窟有龛，不仅雕刻精美，风格独具，许多造像还有明确的题记可考。这些题记年号中，有唐天宝十年（公元751年）、大和七年（公元833年）等。是四川省保留唐代年号较多的摩崖群雕之一，文化艺术与史料研究价值重大。

摩崖造像是佛教中国化、石窟寺中国化的产物。石窟寺源自印度，僧侣修行，开山为居。佛入中国，日益世俗化，石窟寺已不能满足更多信徒的要求，于是摩崖造像形成规模宏大的道场，在建筑形式上是围绕敞口的摩崖大佛或大佛龛主题而展开的。规模宏大的广元摩崖造像石窟群正是佛教中国化和石窟艺术中国化的产物。

广元文物保护让这千年石窟万尊佛的摩崖造像石窟群有了安身之处。以千佛崖造像石窟群为例,清咸丰年间石碑刻记崖上佛像数"一万七千有奇",却在国民政府时期新建川陕公路时毁去半数,成为广元文物保护史上最大的遗憾。新中国成立后,国家十分重视此处摩崖造像石窟群的保护并列入首批全国重点文物保护单位,以至于地震之后重建川陕公路要为文物让路,花费巨资修建隧道避过摩崖造像石窟群。而今广元整合千佛崖、皇泽寺两家博物馆,组建广元石窟研究所,坚持石窟保护与文化研究"齐头并进",以广元方案赋予千年石窟"数字化生命"。

二、赓续中国精神的红色中心

（一）红军城，红军渡，红军精神红色路

广元是一片红色的土地，是原川陕苏区核心区、后期首府地、西部主战场和红四方面军长征出发地，党在这片土地上的辉煌奋斗历程中形成丰富的红色资源，党的英雄儿女在这片土地上的革命救亡征程中积淀深厚红色底蕴。1933年1月至1935年4月，红四方面军在广元展开了艰苦卓绝的斗争，歼敌3.59万余人，解放广元93%的土地，创建4个中共县委、10个县苏维埃政权。其间，广元共有4.7万余名优秀儿女参加红军，从中走出5位中央委员、候补委员和10位共和国开国将军，以及一批著名战斗英雄。新中国成立后，1万余人被认定为烈士。

一条红色路，一腔救亡志。"星星之火，可以燎原"，猛烈扩大红军，广元儿女踊跃参军。1933年召开的木门军事会议，决定扩编红军，数万广元英雄儿女积极参加红军，为红色洪流汇聚新的生命力量，使得红四方面军从入川时的4个师发展到4个军队万余人，粉碎军阀田颂尧6万军队多路围攻，毙敌1.4万余人，俘虏万余人。在这里组建了人民军队历史上最早最大规模的妇女武装之一——妇女独立师——人民军队历史上最早的水兵建制、人民海军的雏形——红军水兵连，红四方面军建制最大的红色童子团——少共国际先锋师。这片红

沃野天府

木门会议旧址（中共广元市委党校供图）

色革命根据地每十个人就至少有一个人参加红色军队，47000 余名青年、妇女以及青少年在红色宣传中认识到参加红军就是为自己、为穷人、为民族救亡图存，从此走上红色之路，历经考验矢志不渝，数以万计的烈士甚至用牺牲生命去践行自己的志愿。

一座红军城，一部革命史。木门军事会议扩编之后，西北革命军事委员会等 40 余个机构迁驻广元旺苍坝，根据地迅速扩大，成为仅次于中央苏区的全国第二大区域。自此，广元旺苍成为川陕苏区后期政治、军事、经济、文化的中心。在这里记录着红军革命斗争的光荣历史。沿着总长 1300 余米的文昌街、王庙街、龙潭街三条街道，在青瓦屋面，木架穿斗结构，一楼一底，清代、民国时期建筑交错之下仿佛时空穿越。抬眼所望，一个个红军革命斗争旧址的牌子随处可见。除了革命斗争的军事、政治机关旧址，还能看到红军时期革命政权的经济组织旧址。由此一幅幅跨越时代、历久弥新的革命画卷，在现实世界中

第六章 蜀道明珠、生态名城——广元故事

红军城旧址（中共广元市委党校供图）

红军渡纪念碑（中共广元市委党校供图）

组成波澜壮阔的革命史诗,使人身临其境,感受当年的峥嵘岁月。

一个红军渡,一首战斗曲。"强渡嘉陵江,迎接党中央",为策应中央红军北上,红四方面军决定强渡嘉陵江。红四方面军总指挥徐向前亲临前线,亲寻渡口,选定苍溪为强渡嘉陵江主渡口。1935年3月28日晚上9时许,前线指挥部向渡江部队发出"急袭渡江"的命令,红军多处出击强渡成功,国民党军阀六百里江防一夜之间被英勇红流冲垮。强渡嘉陵江战役,是红军史上对敌正面作战投入兵力最多、历时最长、规模最大的一次渡江作战,为策应中央红军入川制造了战略机遇。随后,红四方面军追寻中央红军,决定1935年4月30日全部撤离广元苏区,从这里踏上长征之路。新中国成立后,苍溪人民缅怀英烈,改塔山湾渡口为"红军渡",徐向前元帅亲题"红军渡",竖碑昭示,勿忘历史。

(二)三线建设一座城,三线精神三线人

三线建设是特殊的国际与时代背景下工业大迁移的过程。其中四川三线建设占全国的1/4,从北到南,无数儿女用血汗书写"艰苦创业、无私奉献、团结协作、勇于创新"的三线精神。具有特殊地理位置且资源丰富的广元成为四川三线建设的北部核心建设区,在这里留下了可歌可泣的三线建设故事。

"备战备荒为人民、好人好马上三线"是那个年代响应国家号召走向三线建设前线的真实写照。广元,从此成为汇聚天南地北三线儿女的地方。三线建设现场既能听到北京的淳厚京音,也能听到江南诸省的吴侬软语以及耳边声声不绝的西北汉子的朴实方言,他们从全国各地来这里支援建设三线。同时,绿色军装、蓝色和黑色工装像棋子一样撒在广元这座棋盘之上,千军万马如同工业洪流在这片土地之上进行三线建设大会战。当时的广元哪有什么工业基础,但就在一穷二白的情况下,三线儿女们在党的领导下以"艰苦创业、无私奉献、团结协作、勇于创新"的精神,敢当拓荒牛,一座从零建起的工业新城的灯光

在川北点亮。那时多少广元百姓省吃俭用，捐资捐物，送粮送菜，供劳供料，炼钢铸铁，和来支援的三线儿女齐心协力共同决战三线。

中苏关系恶化，战争乌云密布，大漠深处的核基地404厂因是苏联专家设计援建的，所有信息无密可保。形势危急，国家决定在广元抢建821厂。一个"抢"字，淋漓尽致地体现了三线建设的急迫与危重。数千名干部职工响应国家号召，携儿带女参加工厂创建。1971年春，核反应堆空间盖板封顶；1973年12月，反应堆物理启动；1976年10月，反应堆整体进入安全运行；1977年，达到了设计生产能力。同时，在那财政艰难的岁月，国家仍然对广元电子工业累计投资3.386亿元，先后建起了雷达整机、指挥仪、电子专用车辆、电子元器件、集成电路、电线电缆、蓄电池等门类较为齐全的军工电子装备科研生产基地。

随着中美建交、苏联解体等国际形势变化，三线建设逐步画上句号，建设目标地实现从农业到工业划时代的转变。当时的广元以三线建设工程为基础，生产力得到大幅提升，产业布局初具规模，产业发展蓄势待发。据《广元县志》记载：1985年，广元县工业总产值1.803亿元，而081总厂总产值达到7298.2万元，占全县工业总产值40%，有力地促进了广元地区经济、科技和文化等事业的发展与进步，也为全国各地各行业输送了大批人才和骨干。即便是三线建设结束后，三线建设成果以及三线精神依然对广元工业发展、城市建设、医疗卫生、文化教育等方面以及个人的精神面貌产生了深远持久的影响。时代变迁，涌现出的"宁愿苦干，不愿苦熬"大茅坡精神更是"三线精神"的延续与弘扬，是广元人民迈向现代化的宝贵精神财富。

（三）两幅标语一条心，抗震救灾众志成

2008年"5·12"汶川特大地震全国灾区总面积50万平方千米。在国务院地震灾害范围和灾害损失评估中，确定广元市为重灾市，所属7个县区均为国

沃野天府

定重灾县区，其中青川县为极重灾县，全市直接经济损失 800.25 亿元。

两幅标语一条心。极重灾区青川县黄坪乡枣树村村民挂出的"有手有脚有条命，天大的困难能战胜"和"出自己的力，流自己的汗，自己的事情自己干"标语，得到时任国务院总理温家宝的高度评价，成为抗震救灾、灾后恢复重建自强不息的"青川精神"的典型写照，也成为广元灾区奋力推进灾后重建、跨越发展的强大精神动力。2008 年 11 月 25 日，组建广元市"5·12"地震灾后恢复重建委员会，下设办公室和 12 个工作组。市和县区均建立了行政首长挂帅的灾后恢复重建规划编制领导小组，由发改、财政部门牵头，组织精干力量开展灾后恢复重建总体规划、专项规划、实施规划、年度计划的编制工作，加强与国家、省重建规划编制的沟通和对接。同时，积极配合国家和省有关部门，适时对规划进行评估和调整，强化全过程监管，使全市灾后恢复重建工作自始至终都在科学规划的引领下高效推进。全市灾后恢复重建实施规划项目经中期调整和再评估调整后，确定实施城乡住房、城镇体系、农村建设、公共服务设施、基础设施、生产力布局和产业调整、防灾减灾、生态恢复、精神家园共九大领域，实施项目 6305 个，规划总投资 1223.42 亿元。

"有手有脚有条命，天大的困难能战胜"标语（中共广元市委党校供图）

第六章 蜀道明珠、生态名城——广元故事

抗震救灾众志成。党中央、国务院高瞻远瞩，建立了"一个省帮一个重灾县"的汶川地震灾后恢复重建对口支援机制，确定了浙江省对口援建极重灾区青川县，黑龙江省对口援建重灾区剑阁县。四川省委、省政府建立"一个轻灾市帮助一个重灾县"的省内对口援建机制，确定4个市对口援建朝天区、元坝区、旺苍县、苍溪县的一个重灾乡镇，并协调澳门特区政府重点援建利州区。浙江省、黑龙江省和省内宜宾、泸州、自贡、攀枝花4市以及香港、澳门特区政府及中国海洋石油总公司等企业，组织大量人力、物力、财力，出动500多名援建干部、1万多名援建人员，在广元全市展开真情援建，各方援建资金总计高达148亿元。其中：浙江省援建青川县547个项目，援建资金86.19亿元；黑龙江省援建剑阁县146个项目，援建资金15.5亿元；港澳援建38个项目，援建资金19.85亿元；省内4个市援建64个项目，援建资金1.38亿元；特殊党费援建11.49亿元，其他援建14亿元。援建者们洒热血、流汗水，克服各种困难，攻克重重难关，建设幸福工程，树起爱心丰碑，彰显了中华民族的优秀品质，展示了强大的中国力量和社会主义制度的无比优越性。

通过灾区人民和对口援建省市三年艰苦卓绝的努力，截至2011年9月，全市灾后重建项目开工6305个、开工率100%，累计完工6222个、完工率98.68%，累计完成投资1220.56亿元，全面完成了灾后恢复重建任务。全市基础设施条件显著改善，一批重大基础设施项目相继开工、陆续建成，为支撑长远发展奠定了更加坚实的基础；民生项目加快推进，进展最快，公共服务和社会保障能力大幅提升，灾区群众收入水平不断提高；三次产业规模总体超过震前水平，发展动能明显增强；城乡面貌极大改观，人居环境显著改善，城乡灾区群众居住条件全面超过震前水平。广元灾后恢复重建取得的丰硕成果获得了社会各界和灾区群众一致好评，并在广元抗击自然灾害和经济社会发展史上写下了壮丽辉煌的篇章。

沃野天府

三、蓄力绿色低碳的生态名城

（一）三百里程十万树，一江清水生态路

广元这座坐落在承载千年记忆的剑门蜀道上的生态名城，始终坚持生态立市，建最干净的城市，守护青山绿水。生活在这里的人们自觉守护绿水青山、打造金山银山。千年以来，让生态文明在这里得以不断延续和彰显，形成了"三百里程十万树"的翠云廊古树奇观，"一江清水出广元"的嘉陵江生态廊道。广元这座推进绿色发展、绿色崛起的生态文明典范城市在奔向低碳发展的康庄大道上驰骋。

"两旁古柏植何人？三百里程十万树。"清朝剑州知州乔钵感叹栽种金牛古蜀道上从剑阁往南到阆中、往西到梓潼的绵延三百里又历经千年沧桑，仍然枝繁叶茂、生机盎然的古柏群时，情不自禁以诗言情，题名"翠云廊"。其诗《翠云廊》写道："剑门路，崎岖凹凸石头路。两行古柏植何人？三百里程十万树。翠云廊，苍烟护，苔滑阴雨湿衣裳，回柯垂叶凉风度。无石不可眠，处处堪留句。龙蛇蜿蜒山缠互，传是昔年李白夫，奇人怪事教人妒。休称蜀道难，错莫剑门路。"诗中道尽这翠云廊的古柏群规模宏大，古柏树苍龄长青、卓姿英挺，更透露出苍墨翠云廊何以聚道成林：从古至今，历代守护与接续种植。2023年7月25日下午，习近平总书记到广元市考察翠云廊古蜀道，了解历史文化传承、生态

第六章 蜀道明珠、生态名城——广元故事

文明建设等情况。在这里溯源"林长制",自明代以来形成"官员离任交接"的历史惯例,地方官员驿道古柏离任交接制度。这样的生态审计制度而今演化成林长制,明确由县长及各乡镇长分段包干,建立古柏移交项目清单,离任时对古柏基本信息进行逐一清点核对。正如世居于此的老百姓谈到这"蜀道灵魂、国之珍宝"的翠云廊时自豪的模样,生态是我们面向未来的底气与勇气。

一江清水生态路,绿染山河两岸富。广元是嘉陵江入川第一站,首站必清、上游必治成为其筑牢嘉陵江上游生态屏障主动选择。习近平总书记对长江经济带发展作出重要指示,要"共抓大保护、不搞大开发"。广元坚持三水共治、创新四级管护、完善五项机制,扎实推进流域生态保护,以增强上游意识,担当上游责任,稳步建设筑牢嘉陵江上游生态屏障。广元立足域内嘉陵江流域面积1.5万平方千米(占全市面积90%以上)实际,严格落实河(湖)长制,从源头打好碧水保卫战,坚持水污染治理、水生态修复、水资源保护三位一体,确保嘉陵江、白龙江、南河等河流水质稳定达标,使全市主要河流水质优良率达

嘉陵江广元段(中共广元市委党校供图)

100%，县级及以上、乡镇集中式饮用水水源地水质达标率分别达 100%、95%。一江清水出广元已成常态，碧水又要富两岸。良好的生态资源环境为绿色有机产品的供给创造了天然的沃土，依托生态优势推动生态资源向生态经济转变实现生态价值，培育了苍溪红心猕猴桃、广元黄茶、青川黑木耳、朝天核桃、东宝贡米等绿色有机产品，为广元推进乡村振兴奠定了物质基础。

（二）绿色明珠唐家河，天然氧吧米仓山

当游者走在广元，山清水秀似乎已经成了"标配"，但绿意古城上的明珠还应当属于唐家河国家级自然保护区。自广元向西北青川行进，走进唐家河，远望薄雾朦胧，山似玄武，岿然不动；抵近一看，水如明镜，纳尽青蓝。站在唐家河国家自然保护区内流水潺潺的小溪边，用手轻探清澈见底的溪流，那高山冰水从指尖划过，真如携着冰晶的丝绸从手中滑过。定睛一看，溪边的细沙竟然粒粒清晰可见，没有一点尘埃混杂。深入唐家河国家级自然保护区，山山水水之间，能听到莺歌鸟语，偶尔一声兽鸣使人惊愕之余不由得感叹原来都市之外不过百里居然如此自然。作为以大熊猫、金丝猴和扭角羚栖息地为主要保护对象的唐家河国家级自然保护区为何如此绿意盎然、生机勃勃？这既是大自然在这番天地间的造化，也是跨越 40 年生态搬迁的人间佳话。从伐木场和森林经营所到国家级自然保护区，从伐木工到护林员再到旅游目的地的服务员，这里的变化是人与自然和谐共生的真实写照。因而，有国家 I 级保护野生动物 23 种、国家 II 级保护野生动物 86 种的唐家河被誉为全世界低海拔地区野生动物遇见率最高的地方，在这里实现了大熊猫、川金丝猴、四川羚牛、灰冠鸦雀等珍稀动物等种群稳定发展。

自广元向东南向旺苍行进，便来到一幕苍翠，千里碧目，吐纳皆清的米仓山，此处春季山花烂漫、夏季山清水秀、秋季红叶遍布、冬季白雪皑皑。米仓

第六章 蜀道明珠、生态名城——广元故事

唐家河紫荆花（中共广元市委党校供图）

山面积 40155 公顷，活立木总蓄积 240 万立方米，森林覆盖率为 97.3%，被称为"天然氧吧"，行至此处，心肺舒畅，呼吸之间有身处自然感受自由的欣喜之情。望向四周，其景不同于唐家河国家级自然保护区的肃穆庄重。这里的岩溶中山地貌，更似跳脱的精灵在这山山水水之间建构的楼阁云台，飞瀑架空，青峡入云，聚集了壶穴、峡谷、绝壁、峰丛、石海、红叶、象形山石等奇特的自然景观，这样的峡谷群景观长达 60 余千米，深度超过 800 米；间有飞瀑、叠瀑、悬泉等瀑布，谓之秦巴第一高瀑的龙潭飞瀑落差高达 150 米，人静坐飞瀑旁，飞瀑之声，声声入耳，心却在此格外静。越过龙潭飞瀑又见潜龙十八潭，是发育在一组厚达数十米的巨型沙砾岩岩层中的连续串珠状潭池（壶穴）景观，共由 18 个大小不一、形态各异的壶穴构成。潭与潭之间有的以石块相隔，有的以天生桥相连，河水依次流经每个潭池，被称为天然的水质净化器。区别于唐家河国家级自然保护区，这里是大自然的鬼斧神工，将雕龙刻凤换做峡谷飞瀑，穿于丛林，映日而下，青虹相交，独具特色。引得来者触景寄情，不禁吟诵上官婉儿的题诗"米仓青青米仓碧，残阳如诉亦如泣"。

沃野天府

旺苍米仓山（中共广元市委党校供图）

（三）清洁能源强支撑，绿色铝都高效能

青山绿水之间的广元大力建设践行"绿水青山就是金山银山"理念典范城市。其底气既来自得天独厚的生态环境与自然资源，也源于不断做大做实的清洁能源产业。广元的清洁能源具有种类多、储量大、易开发等优势，风电基地、分布式光伏、水风光互补开发项目等建设正扎实推进，为践行"绿水青山就是金山银山"理念奠定了良好基础。

基于清洁能源优势，作为四川唯一铝基新材料产业发展基地市的广元紧抓国家、省倡导清洁能源发展新机遇，加快推进宝珠寺水风光互补、广元煤电一体化、龙池山抽水蓄能等项目，为建成具备国际竞争力的铝产业集群，打造全国最强的高端铝材料制造基地不断蓄能。

广元全市清洁能源总装机容量303万千瓦，在建燃机发电项目140万千瓦，

第六章 蜀道明珠、生态名城——广元故事

广元芳地坪风电场（中共广元市委党校供图）

在建和规划建设风电项目431万千瓦、水风光互补项目178万千瓦，未来几年全市电力总装机有望超过1000万千瓦。同时。天然气年产能突破60亿立方米，以苍溪九龙山天然气净化厂、剑阁双鱼石净化厂为例，预计每年可处理天然气14亿立方米，生产硫黄8000吨。与传统能源相比，每年可替代224万吨标煤，减少氮氧化物排放14万吨，减少二氧化碳排放936万吨，相当于植树820万余株。只有把清洁能源基地建设好，才能为绿色产业奠定发展基础。为此，广元以一套专门机构主抓产业发展，一套专业规划引领发展方向，一个专属园区承载项目落地，一个重点企业强化一个产业的四位一体模式夯实川东北清洁能源基地的发展基础。栽下梧桐树，引得凤凰来，广元的清洁能源优势吸引了河南省的林丰铝电、中孚实业等标杆铝产业企业。

为何偏偏看中了千里之外的广元？这是基础使然。广元铝基材料产业的发展可以追溯到32年前，具备良好的产业基础。1991年，中国核工业集团821厂建

沃野天府

中国西部（广元）铝锭贸易中心（中共广元市委党校供图）

成广元首家电解铝企业，后改制为原广元启明星铝业，到 2004 年全市电解铝产能达 11.5 万吨。直到 2018 年，广元铝基材料产业迎来了发展的新窗口，积极抢抓全省深化电力提质改革和我国"北铝南移"重大机遇，河南豫联集团部分电解铝产能置换转移广元。同年 12 月，四川省政府明确将广元确定为全省布局发展铝基材料产业的唯一地级市。自此，广元铝基材料产业的发展再上一层楼。

昔日人们眼中的高污染高载能企业，"绿色"底气从何而来？这是技术使然。"我们在全面总结国内铝行业成熟运行经验的基础上，对生产工艺、技术装备进行了大量升级改造。"广元中孚铝业公司总经理说。电解铝生产的原料主要有氧化铝、氟化盐以及炭块，产品为铝液，电解槽化学反应过程中产生电解烟气，阳极消耗过程中生成一氧化碳及二氧化碳，电解过程中还产生铝渣、电解残极

第六章　蜀道明珠、生态名城——广元故事

以及电解残极携带出的电解质。政府规划引导从企业的选址到能耗的降低再到铝产品的循环再利用，各个环节都以绿色生产作为企业可持续发展的考量重点；广元铝产业企业在各方面逐步努力实现项目的生产废水、厂区初期雨水和生活污水分别收集通过管道排入广元市林丰铝电有限公司厂区生产废水处理站和生活污水处理站处理后循环使用，不外排。获得了生态环保部门高度评价。

广元铝基材料产业稳扎稳打，取得了已入驻涉铝企业58家，建成61.5万吨电解铝、40万吨再生铝产业集群，形成了8条主链及18条细链的丰硕成果。而广元经开区也在2022年6月，被中国铝业协会授予"中国绿色铝都"称号。广元铝基材料产业用实际行动践行着高质量高效发展的美好愿景。

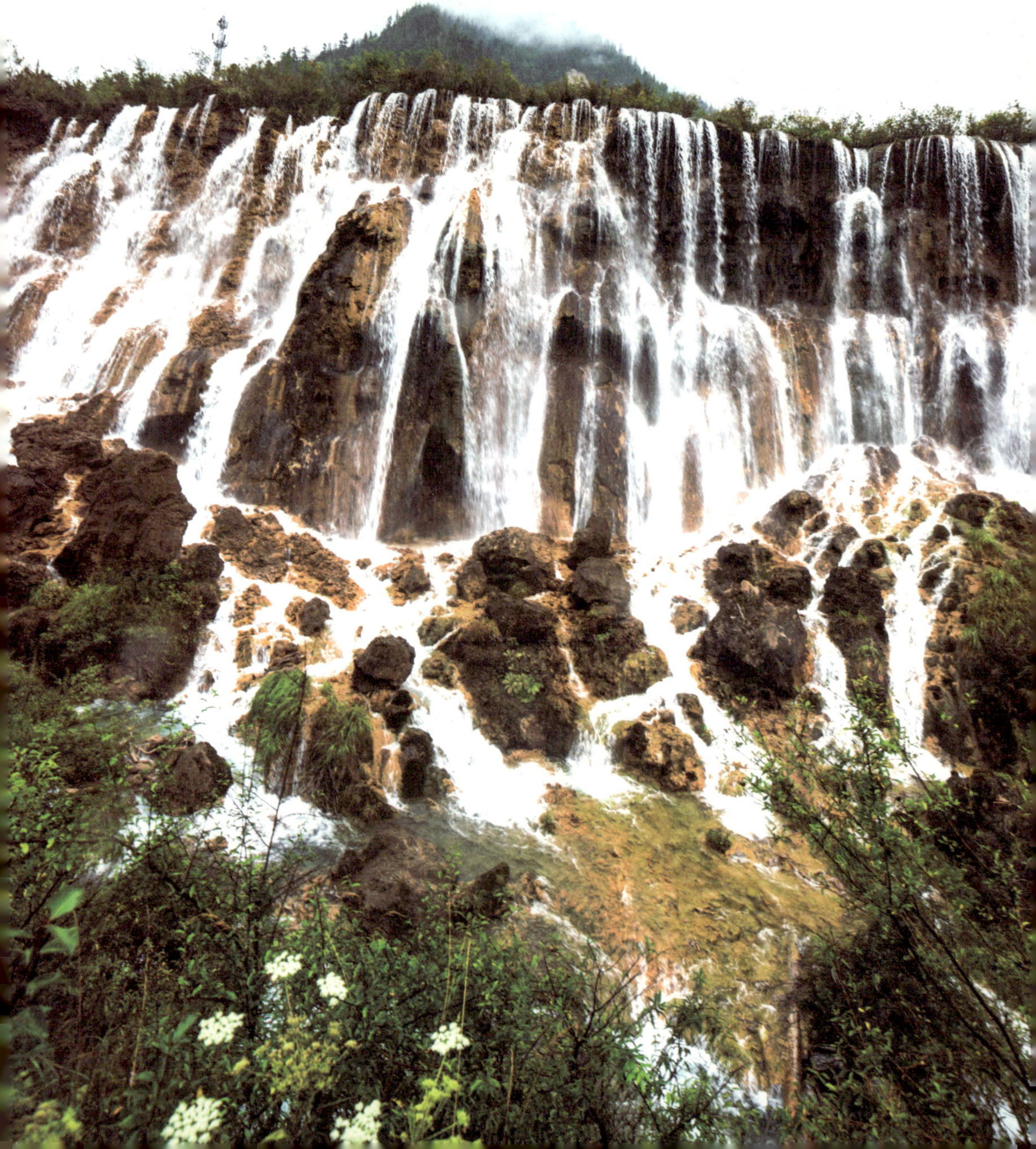

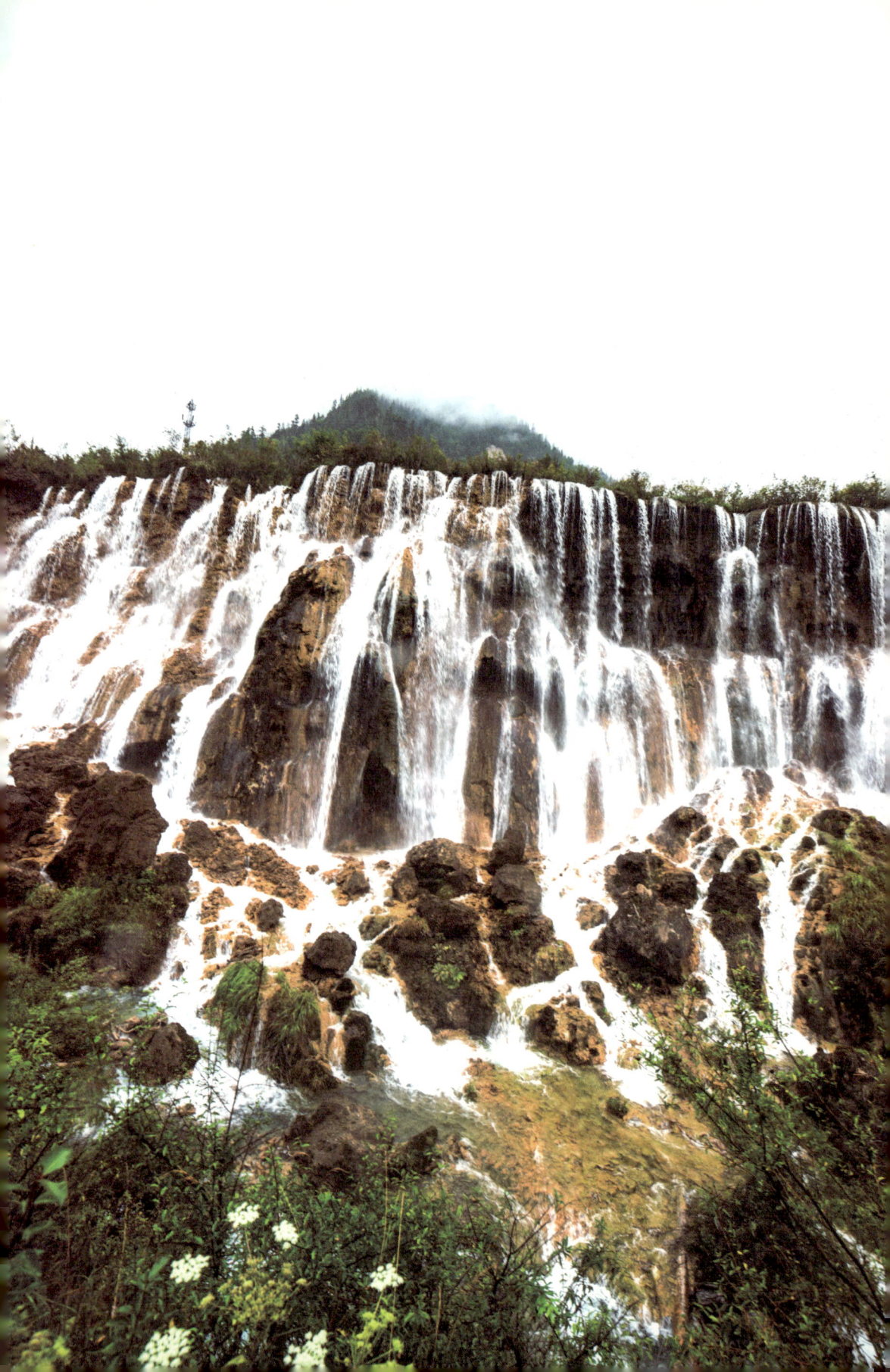

第七章

探索川西北生态文明示范区
——阿坝故事

阿坝全名为阿坝藏族羌族自治州，位于青藏高原东南缘和四川省西北部，是典型的边远山区和少数民族地区。解放前，这里社会发展滞后、交通闭塞、民族矛盾尖锐，贫穷、落后、愚昧成了这里的代名词！新中国的成立，实现了阿坝"一步跨千年"的巨变，各族人民打破封建农奴制枷锁，走上社会主义康庄大道，积贫积弱的阿坝高原从此翻开了崭新的一页。70多年披荆斩棘、踏浪而行，阿坝各族人民在现代化道路上艰难求索：从"茶马古道"的人背马驮到现代综合立体交通运输体系的初步建成，从"木头经济"的伤痛起步到扛起生态大旗，从民族矛盾尖锐到建成"民族团结进步示范州"，阿坝终于赶上了全国人民实现小康的脚步。如今，建设川西北生态示范区成为阿坝各族人民前行的新目标，并由此描绘出"一州两区三家园"的美好蓝图。从此，阿坝各族人民以崭新的面貌阔步向现代化强国征途迈进，阿坝也有了一个全新称谓——"熊猫家园·净土阿坝"！

沃野天府

一、沧桑巨变七十年

新中国成立以前,阿坝地区交通闭塞、文化落后,绝大多数地方还处于封建农奴制社会。生活在这片土地上的各族人民不仅受到本民族农奴主、寺庙上层、地主阶级的奴役剥削,还遭受军阀势力、国民党反动派的疯狂镇压、肆意掠夺,终日在劳役、压榨、饥困、疾病、杀戮的生死线上痛苦挣扎,生活十分悲惨。

新中国成立后,阿坝地区也迎来了自己的春天。1953年阿坝全境解放,经过民主改革,阿坝从封建农奴制社会一跃进入社会主义社会,阿坝各族人民在党的领导下,打破重重枷锁,实行民族区域自治,彻底由封建农奴翻身成为国家和社会的主人。阿坝人民十分珍惜来之不易的新生活,以极大的热情投身到改变地区落后面貌和生存环境、促进经济社会良性发展的宏图大业中。

(一)旧貌换新颜:翻身农奴把歌唱

解放前,川西北民族地区的社会状况与国家整体情况有着很大的差别,除部分地方进入封建社会外,许多地方还处于封建农奴制阶段,其地区内部不同地域、不同民族、不同部落的社会形态也存在着很大的差异。有的地方经过清末"改土归流",封建农奴制已经解体,进入了封建社会,比如茂县、汶川、理番、绥靖的大部分地区和松潘县的南部、东部。但藏族、羌族的土司、头人仍在一定范围和不同程度上继续发挥着作用,掌握着当地的政治经济大权。他们拥有至高无上的政治、经济大权,占有大量的土地,对农(牧)民实行残酷的统治和剥削。有的地区仍在沿袭着明代以来的土司制度,像阿坝、若尔盖、壤塘等牧区,社会形态上还处于封建农奴制阶段,实行的是"政教合一"的政治制度,行政大权由土司掌管,但宗教的代表寺院享有政治、经济特权。在土司统治的地区,群众普遍信仰藏传佛教①。世俗统治者土司、头人和宗教上层喇嘛构成藏族聚居区的统治阶级,他们相互勾结,既依靠行政大权又借助于"神权"对农奴②进行压迫和奴役。农奴的社会地位极其低下,主人可以将其出卖、赠予以及任意虐待和杀害,完全被当作"会说话的牲畜"。封建农(牧)奴主为维护自身的阶级利益,还通过"土律"对反抗土司、违不遵命、拒绝差役、抗纳贡赋、拖欠债务等的农(牧)奴进行严厉惩罚。

除此之外,阿坝各族人民还要承受地方军阀、国民党反动派的专制统治、盘剥、歧视③。在各种势力压迫和盘剥下,阿坝各族人民食不果腹、衣不蔽体,游走于生死边缘。

80多年前,红军长征经过这里时,党中央制定了一系列民族工作的方针和政策,从而唤起了阿坝各族人民的觉醒、觉悟。实行政教分离政策、建立少数民族自治政权的探索,为解放后川西北各族群众打破旧制度,实现"一步跨千年",真正的翻身解放奠定了基础。

阿坝地区解放较全国其他地方稍晚些。由于交通不便、自然环境恶劣,又是以藏、羌民族为主的少数民族聚居区,民族、宗教问题复杂,阿坝成为国民

---

① 新中国成立前,阿坝地区遍布着200多座大小寺院。
② 藏语称为"科巴"和"差巴","科巴"是土司直属下的农奴,"差巴"是头人和寺庙的农奴。"科巴"的社会地位比"差巴"更为低下。
③ 反动军阀、国民党反动势力把防区内的阿坝少数民族视作"化外之民",称之为"夷性犬羊""蛮蛮群氓"。

沃野天府

壤塘县尕多乡牧民新村（壤塘县史志办供图）

党残余势力、特务、惯匪、恶霸、地主负隅顽抗的理想之地。从 1950 年开始，阿坝经历三年的平叛剿匪，直至 1952 年底才实现全境解放。阿坝刚一解放，民族区域自治问题即被提上议程，1953 年 3 月四川省藏族自治区成立①。从 1954 年开始，阿坝地区进行民主改革，到 1956 年农区改革基本完成，其后又对牧区和寺院进行改革，到 1959 年最终完成。彻底废除了封建土地所有制、封建农奴制和各种封建剥削，苦难深重的阿坝各族人民在政治上、经济上彻底翻身和解放，从此摆脱了被压迫、被奴役、被像牲畜一样无情宰杀的命运，自己当家作主管理本地区、本民族的事务。他们以极大的热情投身到阿坝社会主义建设中，为推动阿坝民族地区繁荣发展贡献自己的力量。21 世纪前后，阿坝州又在牧区推进"人草畜"三配套建设②，建牧民新村，牧区人民由此摆脱了靠天养畜、逐水

---

① 四川省藏族自治区 1955 年 11 月更名为四川省阿坝藏族自治州。
② "人草畜"三配套建设是指对牧民的住房、牲畜棚圈、草料基地三者进行的配套建设。

草而居，采取定居与轮牧相结合的生活方式，提高了牧区人民的生活质量，转变了畜牧业的生产方式，实现了牧区又一次"千年跨越"。

2018年2月，习近平总书记在映秀所体验的"带劲豆花""幸福酥肉"，是今天阿坝各族人民幸福生活的一个小小缩影。奴役、剥削一去不复返！贫穷落后再也不是阿坝的代名词！阿坝人民过上了更有尊严、更有质量的生活！

（二）"天堑"变"通途"：茶马古道变身记

"彝界荒山顶，蕃州积雪边"是诗人杜甫对崇山峻岭不可越的蜀道之难的感叹，阿坝更是将这个"难"字展现得淋漓尽致。新中国成立前，阿坝地区交通

新中国成立前阿坝州内的交通运输情形（阿坝州交通局供图）

沃野天府

阿坝内著名古道示意图（阿坝州交通局供图）

异常落后闭塞，没有一条公路，有的只是千百年来形成"三垴九坪十八关"的茶马古道①和在群山峻岭中"人不能并肩，马不能并行"的羊肠小道。运输全靠

---

① 两条古道：一条是灌松茶马古道，官名"灌松驿道"，灌县（今都江堰）—威州（今汶川县威州）—茂州（今茂县）—松潘；另一条是灌懋驿道、绥懋道路线，灌县（今都江堰）—卧龙—巴朗山—懋功（今小金县）—绥靖（属今金川县），路上要翻越海拔4480米的巴朗山，路途极其险恶。

第七章 探索川西北生态文明示范区——阿坝故事

人背马驮,有些地方连牲口也难以行走。在此生活的人们只得劈山开路,在崎岖险窄的古驿道、在横跨沟涧的溜索上艰难出入。通行其间,不免遇到惊心动魄,艰险万难的情境。交通的闭塞,导致这里的百姓几乎处于与世隔绝的状态,经济社会发展严重滞后。

"要致富,先修路",是一条亘古不变的真理。民族地区经济要发展,落后面貌要改变,就必须首先改变民族地区的交通状况。中国共产党想民之所想、急民之所急,定要将"天堑"变为"通途",改"蜀道难"为"蜀道通"!而要在高山峡谷、雪域高原上,改变"蜀道难"的局面绝非易事。1950年开始,一场川西北民族地区史无前例的筑路会战打响。先将成灌公路延伸,修筑从灌县(今都江堰市)到茂县的灌茂公路。1951年,又将灌茂公路再延伸至阿坝地区的阿坝县,取名为成阿公路。经过4年零8个月的奋战,筑路大军克服了各种难以想象的困难,最终完成了这条公路的修建。成阿公路的建成,结束了阿坝地区"无一寸公路"的历史,阿坝人民开始"睁眼"看外界,生产生活方式也逐渐发生变化。

为改变交通和经济文化的落后情况,在成阿公路建成后,阿坝地区又开始了龙郎公路、刷丹路、阿久路、松南路、马壤路、茂黑路等公路的建设。到1965年底,阿坝地区公路里程已达2491千米,辖区内13县(市)全部通了公路。形成了东南可通往省府成都,西北可驶向甘青各地,西南与甘孜相接的公路网络雏形,彻底改变了境内交通闭塞的状况。

20世纪90年代,阿坝州提出了"一体两翼"经济发展战略[①]。旅游业的发展,推动阿坝交通业跃上新的台阶。随着九寨、黄龙景区开发建设及被联合国教科文组织列入"世界自然遗产名录",破除从成都到九寨、黄龙的道路瓶颈成为当务

---

① "一体两翼"指以发展特色和"三高"农业为主体,以发展水电、旅游两大产业为两翼。

沃野天府

九寨黄龙机场建成通航（阿坝州交通局供图）

之急，打造九环线①"千里文明走廊"得到国家批准。在修建公路的同时，修建九寨黄龙机场也被提上日程。2003年9月26日，九黄机场建成，阿坝州的交通业发展取得历史性突破。之后，都汶—汶马高速直抵州府马尔康，久马高速（久治—马尔康）即将联通川甘青，川青铁路也将实现阿坝铁路零的突破，都四轨道（都江堰—四姑娘山）将开启全国首条山地轨道先河，红原机场架起草原漫游空中廊道。阿坝州现代综合立体交通运输体系已基本形成，曾经的"茶马古道"已实现华丽转身，往日的"天堑"已变为"通途"，"神女"亦惊阿坝之"殊"吧！

---

① 九环线呈环状，全长913千米，分为东线和西线两部分。西线起于成都，经都江堰、汶川、茂县、松潘到九寨沟；东线也以成都为起点，经德阳、绵阳、北川、平武到九寨沟。

第七章 探索川西北生态文明示范区——阿坝故事

阿坝州综合立体交通网规划布局图（阿坝州交通局供图）

（三）木头到旅游：阿坝前进的曙光

旧时的阿坝生产力发展水平极为低下，手工业还未完全从农业中分离出来，直到1949年，阿坝地区都未曾见到手工业、工业方面的文字记载。新中国成立初期，除一些小型企业，如被服、机械、食品、皮革、电力、印刷、缝纫、造纸厂等外，国营森工企业就是阿坝规模最大的企业。由于地处青藏高原东南缘，

197

沃野天府

被采伐出的林木（阿坝州地方志办供图）

原始森林密布，林木积蓄量高，开发森林资源就成为阿坝向现代化迈出的第一步。1950年10月，阿坝地区第一个森工企业——川西伐木公司在理县米亚罗建立（1954年更名为川西森工局）。1956年，随着国家经济建设步伐加快，对木材需求量急剧增加，四川省又在阿坝州黑水、马尔康、小金县新建了3个森工局。从四川各地招收了13400多名青壮年伐木工人，进入阿坝从事森林采运。到1957年，阿坝地区森工人员达到24838人，木材产量猛增，森林工业产值占到全州工业总产值的95%。1957年至1966年是阿坝州林业大发展时期，其间国家对林业提出了"全面铺开与开发重点林区并举、机械化与手工作业相结合、常年作业与季节作业相结合"的方针。为加大产量，四川省在阿坝州已有的4个森工企业基础上又新建了4个森工局，阿坝州也自办了1个森工局，森工企业数量达到9个，森工队伍也迅速壮大。交通运输、建材、工艺美术品加工、地毯加工等工业企业也不断发展，在新的工业企业不断产生的情况下，森工企

第七章　探索川西北生态文明示范区——阿坝故事

1978年阿坝州的林场图（阿坝州地方志办供图）

业的产值依旧占全州工业总产值之首，占比85%左右，林业是阿坝州财政收入的主要支柱，被称为"森大哥"，也为国家建设作出了重要贡献。之后，森工企业规模和人数还在不断扩大。直到20世纪80年代，阿坝州共建有13个县级、14个地方小型林业采伐企业。

大规模的森林采伐，使开采与更新矛盾日益尖锐。为了既保证国家建设用材，又实现青山常在、永续利用森林资源，阿坝州也曾作出努力，把森林采伐与森林更新有机结合起来，在林区成立专门营林机构，加强对林区的管理，加快森林的更新，并发动群众开展植树造林、绿化荒山活动。但是，长期的过度砍伐、滥垦及阿坝州森木生长缓慢、生长周期长的特点，使森林资源急剧减少，森林面积锐减，森林覆盖率大幅下降[①]，水土流失加剧，自然灾害频发，生态日

---

① 1950年，阿坝地区的森林覆盖率为36.12%，到80年代，已骤降到14.4%。

趋恶化。找寻阿坝既守住绿水青山，又实现可持续发展新路子，改变单一木材生产旧格局迫在眉睫！

  党的十二大后，阿坝州把旅游作为经济发展的增长点之一，开始利用自身丰富的旅游资源，大力发展旅游业。由于地处偏僻、交通不便、经济落后，使阿坝州较好地保留了许多自然景观。川西北高原独具特色的山脉、湖泊和草原，悠久的藏、羌民族历史文化，引人入胜的世界上最大的大熊猫野生种群和圈养种群，无以替代的雪山草地红色文化和震惊世界的"5·12"地震震中遗址及抗震救灾精神，这些都是阿坝地区取之不尽的宝藏。1978年，九寨沟走入人们的视野，成为自然保护区；1984年，国务院将九寨沟划为全国第一批国家重点风景名胜区；1987年，国务院批准了《九寨沟总体规划设计》。阿坝州加大对九寨沟开发、保护和利用力度，从此揭开阿坝发展新的一页。此后，阿坝州又将松潘县黄龙景区列入开发日程，1992年12月，黄龙和九寨沟共同被联合国教科文组织列入"世界自然遗产"名录。再之后，地处阿坝州小金县的四姑娘山景区，因各国登山爱好者的到来而声名鹊起。红原大草原[①]、若尔盖黄河九曲第一湾和国家高寒湿地公园，卧龙大熊猫自然保护区、理县米亚罗红叶温泉、茂县叠溪－松坪沟、黑水县卡龙沟－达古冰川等一批风景名胜区，松潘古城、桃坪羌寨、甘堡藏寨、马尔康卓克基土司官寨等民族民俗文化代表地，小金两河口、黑水芦花、若尔盖巴西会议会址和松潘红军长征纪念总碑碑园等一大批的红色文化代表地，映秀"5·12"震中纪念及抗震救灾精神展示地等相继被开发。那些"藏在深闺人不识"的阿坝旅游景点开始走向全省、全国、全世界，阿坝州正在成为名副其实的世界自然遗产和生态旅游最佳目的地、大熊猫生态旅游目的地、藏羌历史文化与民俗风情旅游目的地、红军长征

---

  ① 红原于1960年建县，因为是当年红军所走过的草原，所以被周恩来总理命名为红原。

黄龙五彩池（阿坝州宣传部供图）

历史文化旅游目的地。

　　70多年栉风沐雨，70多年沧桑巨变。如今，走进阿坝，一幅幅美丽的画卷在眼前徐徐展开：每到黄昏，在阿坝各处的平坝地，欢乐的藏羌锅庄总是会吸引住人们的目光；成片的绿色生态果蔬园、遍地的牦牛、草地秀美的风光、层峦叠嶂的雪山，成为阿坝高原乡村的新韵；偏远地区和高半山直通家门口的硬化道路，"铁公机"在阿坝的超常规发展，让阿坝与世界变得如此之近。在迎来送往的脚步中，阿坝已不再荒凉、不再沉寂，它正在被更多的人所探索、涉足，它也终将被更多的人熟知！

　　"熊猫家园·净土阿坝"就是阿坝响亮的名字！

沃野天府

二、现代化阿坝的今天：
扛起生态大旗

阿坝，一颗承载多重身份的高原明珠——全国唯一的藏族羌族自治州，中国工农红军长征爬雪山过草地的主要发生地，长江上游重要水源涵养地、黄河上游重要水源补给区和国家重点生态功能区。丰富独特的生态自然资源，无法替代的红色文化资源及多姿多彩的民族民俗文化是阿坝走好今日现代化道路的底气。

盛夏来临，"风吹草低见牛羊"在"天边的若尔盖"有了具体的画像；"红军走过的大草原"——红原，迎来了别具一格的草原"雅克音乐节"；松潘的红军纪念总碑碑园，阳光照在碑身上金光闪闪，正如长征精神永放光芒；汶、理、茂的瓜果飘香，使人流连忘返，现代化生态农牧业又迎来大丰收，让老百姓有了新盼头。种种场景，让人难以忘怀，种种成绩，让人倍感欣慰，接下来就让我们一起探索走向生态阿坝现代化发展的背后故事。

（一）高原特色农牧助发展：既要颜值也要产值

丰富的森林、水电和矿产资源，使得森林工业、电力工业、矿产业及其关联度较高的运输业、商业等一度成为阿坝的主导产业。但是，过度开发也造成生态环境破坏和生态严重失衡，与可持续发展、绿色发展理念相违背。为了保护生态环境，保护长江上游重要的水源涵养地、黄河上游重要的水源补给区，产业结构调整和重建势在必行。

发展生态产业是中国式现代化阿坝的必由之路，生态农牧业是其重要组成部分。经过长期探索和实践，阿坝逐渐走出了一条以牛羊（禽）、生（藏）猪、特色水果、高原菜蔬、优质粮油、道地药材六大主导产业为主，以食药菌类、高原花卉、特种养殖等 N 个特色产业共同发展的新道路。在农业转型升级和高质量发展方面，又探索出具有阿坝特色的现代农牧业产业园区发展路子，实现了农牧业增效、农牧民增收，真正让农（牧）户分享到了发展成果。

阿坝县青稞现代农业园区（省级）、若尔盖县牦牛现代农业园区（省级）、红原县牦牛现代农业园区（省级）实现了高原畜牧业的现代发展，向世人展示着"风吹草低见牛羊"和"丰年人乐业"的美景。

金川县雪梨、小金县高山玫瑰、汶川县甜樱桃、茂县青红脆李和富士苹

阿坝县青稞现代农业园区（阿坝县委宣传部供图）

果、松潘县藏红花椒、九寨沟县葡萄等现代农业园区的建设，改变了阿坝州瓜果蔬菜比肉的状况，瓜果蔬菜香飘整个"净土阿坝"，幸福的笑容洋溢在每个人脸上。

阿坝州已发展成为成渝及周边城市重要的"菜篮子""果盘子"供给地，真正实现了既要颜值，又不丢产值的愿景。

（二）生态文化旅游树典范：灾后涅槃，再塑品牌

阿坝拥有九寨沟、黄龙、四姑娘山3个国家级风景名胜区，其中九寨沟和黄龙有世界自然遗产地、人与生物圈保护区和"绿色环球21"三项桂冠。

1. 人间天堂九寨沟

"她"是国家级风景名胜区，更是世界自然遗产地。改革开放以来，九寨沟在重点保护、快速发展、灾后恢复重建的探索过程中，完成了从"养在深闺人未识"到"世界九寨""人间天堂"的蜕变。

20世纪80年代初至2001年九寨沟沟口（九寨沟景区供图）

第七章 探索川西北生态文明示范区——阿坝故事

九寨沟风光（阿坝州生态环境局供图）

1978年提出在九寨沟建立自然保护区时，恰逢改革开放初期，九寨沟在改革中创新，探索出极具典范性的"保护型发展"模式，得以高速发展，2014年，九寨沟景区年游客接待首次突破400万人次。在经济效益方面，九寨沟景区带动九寨沟县和阿坝州经济发展。这些不断飙升的数字向世人诉说着九寨沟经济实现了跨越式发展，史见证了九寨沟县从"木头财政"向"旅游财政"的成功转型。

2017年8月8日，九寨沟发生7.0级地震，景区部分受损，并且暂时关闭。根据当地相关部门估算，地震之后九寨沟旅游产业年经济损失或达到80亿元到100亿元，且这种影响存在延续性。随之而来的抗震救灾和灾后重建，使阿坝州乃至四川旅游业的发展一度陷入低谷。

地震发生后，按照习近平总书记的重要指示精神，九寨沟加快恢复重建，让"人间天堂"再展"绝世容颜"。如今的九寨沟沐浴着全域旅游发展的春风，践行绿色发展理念，把环境保护和生态建设贯穿融入全域旅游发展各领域、全

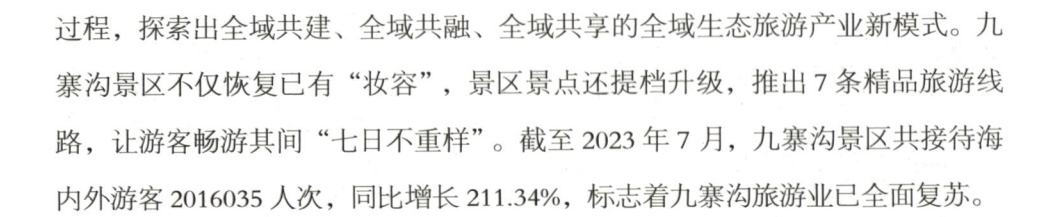

过程，探索出全域共建、全域共融、全域共享的全域生态旅游产业新模式。九寨沟景区不仅恢复已有"妆容"，景区景点还提档升级，推出7条精品旅游线路，让游客畅游其间"七日不重样"。截至2023年7月，九寨沟景区共接待海内外游客2016035人次，同比增长211.34%，标志着九寨沟旅游业已全面复苏。

2. 地震涅槃红色汶川

"5·12"汶川特大地震，汶川映秀一夜之间被世人知晓，从此抗震救灾、灾后重建、大爱无疆等都成为了汶川的代名词。汶川不仅是抗震救灾精神的承载地，也是马岭山红军阻击战场遗址，红军桥、郭竹铺红军石刻标语等长征文化资源集中地。伟大长征精神与抗震救灾精神在汶川汇聚交融，激励着汶川儿女谱写出灾后涅槃的生动画面。

作为国家十二个"重点红色旅游区"之一，阿坝依托红军长征、抗震救灾等丰富红色文化资源，创建全国唯一以"爱国爱党·家国情怀"为主题的红色教育培训带动型特色旅游发展模式。汶川县映秀镇是"5·12"汶川特大地震的震源地，是伟大抗震救灾精神和灾后重建的集中体现地，这里也承载着习近平总书记对灾区人民的深切关怀和殷殷嘱托。

2018年2月12日上午，习近平总书记在映秀人民的期盼中到来，他视察映秀后叮嘱"一定要把地震遗址保护好，使其成为重要的爱国主义教育基地"。阿坝人民铭记习近平总书记的殷殷嘱托，将映秀爱国主义教育基地建设作为全州工作的重中之重，将"家国情怀"主题贯穿爱国主义教育基地建设始终，围绕其主题，充分发挥漩口中学地震遗址、5·12汶川特大地震纪念馆的教育引领功能，充分整合利用长征红色资源，讲述伟大长征精神和抗震救灾精神，再现汶川情怀的红色记忆，推进"红色文化+旅游"融合发展，为汶川实现高质量绿色发展赋能。

漩口中学遗址（汶川县委党校供图）

（三）若尔盖国家公园筑屏障：保母亲河清水东流

拥有世界上规模最大、保存最完整、被誉为"地球之肾"的高寒泥炭沼泽湿地，享有"中国最美的高寒湿地草原"称号，更是黄河上游区域乃至全球气候变化的"晴雨表"——"她"就是阿坝州若尔盖国家公园。由于地处青藏高原东北边缘和黄河干流出川口，素有中华民族母亲河之称的黄河，从这里缓缓向东流，造就了中国最大泥炭沼泽分布区，蓄水总量近 100 亿立方米，具有涵养水源和保持湿地蓄水力的强大功能，被誉为"中国西部高原之肾""黄河蓄水池"。

2022 年 11 月，习近平总书记在《湿地公约》第十四届缔约方大会开幕式上的致辞中指出："把约 1100 万公顷湿地纳入国家公园体系，重点建设三江源、青海湖、若尔盖、黄河口、辽河口、松嫩鹤乡等湿地类型国家公园，实施全国湿地保护规划和湿地保护重大工程。"这为推进若尔盖国家公园建设指明了方向。立足丰富独特的生态资源和特殊地理位置，阿坝州加快若尔盖国家公园建设，牢固树立上游意识，全力以赴确保"一江清水向东流"。2019 年 12 月，若尔盖

沃野天府

阿坝州若尔盖花湖（阿坝州生态环境局供图）

国家公园创建启动；2022年4月25日，国家公园管理局正式批复同意川甘两省联合创建若尔盖国家公园；2023年，若尔盖国家公园创建已通过国家林草局初审。2023年7月27日上午，习近平总书记来川考察听取四川省委省政府工作汇报时，再次提到若尔盖国家公园创建工作，这为加快若尔盖国家公园建设注入了新动力。

"山积而高，泽积而长。"阿坝深知建设若尔盖国家公园对筑牢黄河上游生态屏障、维护国家生态安全具有重大而深远的意义。如今，阿坝儿女将努力建设具有世界影响力的若尔盖国家公园，为推进生态文明，确保"一江清水向东流"作出不懈努力。

三、现代化阿坝的明天：
　走属于阿坝之路

为什么建？怎么建？建成什么样？痛定思痛，阿坝几十年的老路不能再走！为阿坝、甘孜两个少数民族自治州量身定制的路线图——"建设川西北生态示范区"在四川省委十一届三次全会亮相，阿坝未来发展的蓝图——"一州两区三家园"，也在州委十一届五次全会上被勾画出来：创建全国民族团结进步示范州和国家生态文明建设示范区、国家全域旅游示范区及建设生态美丽、和谐幸福、富裕小康家园。不是复制、不是抄袭，而是独属阿坝之路！这条路经历了漫长的时间打磨，这条路经历了沉痛的探索过程，这条路也经历了巨大的代价付出！今天，破解阿坝州发展难题的关键被找到，阿坝各族人民从此开启将心中的"桃花源"理想一步步变为现实之旅。

（一）"一州"：中华民族共同体的生动呈现

阿坝州特殊的地理位置、多样化的生态环境和有利的自然条件为不同民族在此生存提供了重要条件。从春秋战国起，我国羌、汉、藏等民族的先民陆续来到这里，阿坝以海纳百川的胸襟，拥抱各族人民从四方汇聚，各族人民在这里繁衍生息、和谐共处，共同谱写了一部阿坝民族团结的进步史诗。兴起于唐朝，终止于清朝的茶马互市就是这部史诗中最生动的一幕。茶马互市是古代中原王朝利用茶叶、布匹、药材、盐等生活必需品与川西北少数民族地区交换马匹的一种特殊贸易方式，由此在今阿坝州茂县、汶川、松潘、阿坝、小金、金川、马尔康等地区，逐渐形成了一条以物易物的商业通道。茶马贸易巨大的货物集散带来人口的大量流动，并催生了川、甘、青最大的贸易集散地——松潘古城。从各地而来的商人、屯兵、挑夫和手工艺人会聚于松潘及这条商业通道，并在此生息繁衍，久而久之，这条通道就成为藏、羌、汉多民族聚居地。1000多年来，茶马互市的繁荣推动各民族交流，为中华民族多元一体的格局构建作出了重要贡献。

这种不同民族一家亲的和谐氛围却在近代阿坝遭遇"滑铁卢"。辛亥革命后，四川军阀和国民党势力渗透进阿坝，为达统治目的，削弱屯区内各族人民的反抗力量及掠夺当地财富，他们不断在各民族、部落、地区之间或同一民族、部落内部制造矛盾与隔阂，一度导致这里各民族、各部落和地区之间械斗不断，民族矛盾十分尖锐。

中国共产党历来以民族平等与民族团结为己任。早在红军长征时期，为消除阿坝各民族、各部落之间的矛盾与隔阂，联合各少数民族共同开展反帝反封建的革命斗争，中国共产党在川西北民族地区曾进行过建立民族自治政权的实践，将民族平等、民族团结的种子播撒在这一地区。新中国成立后，为增强阿坝地区各族人民的团结、消除民族隔阂，党和政府又作了大量工作。除尊重各族群众宗教信仰和风俗习惯、宣传党的民族平等和民族团结政策、培养少数民族干部等外，建立民族联合政府、实行民族区域自治，是党从根本上解决民族间矛盾与问题的方法。1950年，茂县地委刚一成立，就于当年8月份发出了《关于成立民族联合政府及实行民族区域自治的指示》，要求在民族杂居区召开各民族座谈会，商讨建立民族联合政府。到1952年底，茂县专员公署正式改名为四川省藏族自治区，开始实行民族区域自治，阿坝各族人民不分民族、不分男女，

第七章 探索川西北生态文明示范区——阿坝故事

阿坝藏族、羌族、回族、汉族演员同台表演（阿坝州委宣传部供图）

没有高低贵贱之分，平等参与本地区各项事务。阿坝各族人民重新踏上平等互利、团结互助、共同繁荣的发展之路。1984年，《中华人民共和国民族区域自治法》颁布，阿坝州结合本地区民族实际制定了《阿坝藏族羌族自治州条例》，为阿坝各族人民平等行使各项权益、平等参与地区建设提供了法律保障。从此，阿坝各族人民不断将党的民族政策发扬光大，将红军长征播撒的民族团结思想火种赓续传承，在和衷共济、团结奋斗中不断诠释休戚与共、荣辱与共、生死与共、命运与共的民族共同体理念。

进入新时代，铸牢中华民族共同体意识、"各民族要像石榴籽一样紧紧抱在一起"是习近平总书记对中华民族这个多民族大家庭的殷切期望，也是阿坝州作为少数民族聚居区及多民族杂居区的理想和奋斗目标。实现这一理想，巩固发展民族团结进步基础，充分发挥民族区域自治政治优势，成为阿坝各族人民的广泛共识，加快建设全国民族团结进步示范州愿景越来越清晰。在州委十一届五次全会上，"创建全国民族团结进步示范州"被定格，阿坝各族人民心往一处想、劲往一处使，欲把阿坝最好风貌呈现于人，2019年"全国民族团结进步示范州"成功创建。至2023年9月，阿坝州已成功创建国家级民族团结进步示范单位13个、省级民族团结进步示范单位103个，覆盖率达到85%。各民族同气连枝、团结奋斗、共同繁荣发展的画面在阿坝大地上生动展现，一条民族团结发展之路在阿坝大地不断延伸。

阿坝各族人民风雨同舟、携手同行，从茶马互市的繁荣到支援长征的勠力同心，从翻身作主到脱贫奔小康，这片土地上的每一次进步，都凝聚着各族人民的智慧与汗水，民族共生、华夏一体在这片土地上体现得淋漓尽致，铸牢中华民族共同体意识深深扎根于阿坝各族群众心里。

（二）"两区"：民族地区绿色低碳发展的"武器"

"青山不语花含笑，绿水无声鸟作歌"，生动描绘出了地处青藏高原东南缘，具有极其丰富生态旅游资源和生态保护重要地位的"熊猫家园·净土阿坝"。

1. 熊猫家园，生态绿洲

阿坝是国家"两屏三带"生态安全格局的重要组成部分，肩负着川西北生态示范区创建的重任。党的十八大以来，阿坝坚定践行习近平生态文明思想，扛起生态重任，一贯秉持"在保护中发展、在发展中保护"的理念，积极稳步推进国家生态文明示范区创建，人与自然和谐共生的美丽画卷正在徐徐展开。

一望无际、郁郁葱葱的高原草甸，却隐藏着"沙化"危险，草原的"沙化"犹如被剥了皮的树木，不仅使草原本身难以愈合，更会引起水土流失、稀有动植物生长等一系列生态失衡问题。还大地以美，还草原以绿，才能使让人与自

第七章　探索川西北生态文明示范区——阿坝故事

西仓村治沙点成效（严易程　摄）

然和谐共生。

"七大保护"行动、"七大治理"工程在阿坝州有序推进。经过不断努力，阿坝在生态文明建设方面取得丰硕的成果，累计成功创建国家生态文明建设示范县2个、"两山"实践创新基地2个、省级生态县5个。持续加强生态治理和保护，全州林草综合覆盖率达85.6%，草地沙化年递增率由5.32%下降为−1.36%，迎来历史拐点。划定生态保护红线面积3.96万平方千米，占全州面积的47.7%，高出全省平均值17个百分点，占比全省最高。加快推进国家生态文明示范区创建，为切实筑牢长江黄河上游重要生态屏障作出阿坝贡献。

2. 净土阿坝，全域旅游

在川西北高原的这片热土上，大自然演绎出壮美灵动的山水风光和奇珍异宝，党和藏羌儿女共同谱写了永放光芒的长征精神和抗震救灾精神，各民族的相互交融，成就了阿坝璀璨夺目的民族文化，很难找到一个像阿坝这样汇聚万千风情的地方了，神秘奇特的自然风光和多元文化在此浪漫相遇。据统计，阿坝州累计形成旅游资源 15626 处，其中优良级旅游资源 3661 处。富饶的生态旅游资源和多彩的民族文化交汇，使得阿坝拥有面向世界的广阔视野和文化自信，成为创建国家全域旅游示范区的强大支撑。

如何充分展现生态、文化资源魅力，探索全域旅游发展阿坝模式，是创建国家全域旅游示范区必须思考的问题。阿坝州将生态、业态、文态三者结合，谱写出创建国家全域旅游示范区阿坝篇章。红原雅克音乐季的"音乐+旅游"、Epic 越野山地自行车系列赛的"体育+旅游"、壤巴拉非遗文化的"文创+旅游"、雪山草地红色研学的"红色+旅游"，实现了生态、业态、文态的深度融合，社会、经济和生态效益得以最大化发展。

2016 年以来，成功创建国家级全域旅游示范区 1 个，省级全域旅游示范区 5 个，省级生态旅游示范区 7 个。以旅游为主导的第三产业在全州 GDP 占比由 2015 年的 35.5% 上升为 2021 年的 56.6%。不难看出，阿坝通过自身努力，抓住创建国家全域旅游示范区的机遇，已然走向全省乃至全国文化旅游发展的第一方阵。

党的二十大报告强调，中国式现代化是人与自然和谐共生的现代化。"创建国家生态文明建设示范区"和"创建国家全域旅游示范区"是中国式现代化阿坝篇章的最强音，阿坝儿女正在全力以赴做好"两区"创建工作，为人与自然和谐共生的现代化贡献自身力量。

（三）"三家园"：阿坝人民对美好生活的不懈追求

山峦逶迤钟灵毓秀，青山绿野相映成景，花果飘香村寨林立，高山草场牛羊牧歌……今天的阿坝，处处呈现山乡巨变、民康物阜、人心思进的崭新气象，是世人心驰神往的"熊猫家园·净土阿坝"。但在党的十八大之前，虽历经建州以来几代人的努力，这里却依旧位列国家"三区三州"深度贫困地区，国家

第七章 探索川西北生态文明示范区——阿坝故事

生态美丽家园：黑水县沙石多乡羊茸村（阿坝州委宣传部供图）

级贫困县全州就有3个，①其余均为省级贫困县。基础设施薄弱、产业发展滞后、公共服务不足、自然灾害频发、社会发展严重滞后等问题长期存在。"5·12"地震更是阿坝发展中的劫难：山河破碎、家园被毁、道路中断，阿坝几乎一度回到几十年前。生逢其时，何其有幸！因为有党和国家、有全国人民这个强大的后盾，对口援建、东西帮扶"大戏"在阿坝高原上演，阿坝各族人民不等不靠、自强不息，从而创造了抗震救灾、灾后恢复重建的世界样板。脱贫攻坚是雪域高原各族人民在底子薄、基础差的条件下，创造的又一个阿坝奇迹。到2020年，全州13个县（市）、606个贫困村摘帽，10.38万贫困人口全部脱贫，贫困发生率从14.5%降为0，绝对贫困、区域性整体贫困问题基本解决，与全国、全省同步全面建成小康社会。"阿坝脱贫经验"连续4年入选博鳌论坛《亚洲减

---

① 阿坝州下辖13个县(市)，即马尔康市和金川、小金、阿坝、若尔盖、红原、壤塘、汶川、理县、茂县、松潘、九寨沟、黑水12县。其中壤塘县、小金县、黑水县为国家级贫困县。

沃野天府

红原县瓦切乡牧民定居的新房（阿坝州委宣传部供图）

贫报告》，绝对贫困的"帽子"从此被甩掉，阿坝各族人民轻装上阵，为实现产业兴旺、生态宜居、乡风文明、治理有效、生活富裕的新目标踏上新征程。

民之所愿，政之所出。生态城镇与生态乡村交相辉映、美丽山川与美丽人居有机融合的诗意栖居地，人与自然、与社会、与人和谐共生和民族团结融洽的安居乐业地，户户保障稳、家家收入多、村村产业强的富裕地，是阿坝各族群众对中国式现代化阿坝的期盼。建设生态美丽、和谐幸福、富裕小康的"三家园"成为阿坝州党和政府对各族人民期盼的真切回应。

先谋定而后动，"一屏四带、全域生态"的发展新格局、"三地共建、五业同优"的产业建设体系、"四向通道、全域拓展"的开放新态势、"五个现代化"[①]

[①] 阿坝的"五个现代化"指人与自然和谐共生的现代化新阿坝、经济赶超跨越的现代化新阿坝、各族群众共同富裕的现代化新阿坝、基层治理科学高效的现代化新阿坝、各民族团结进步的现代化新阿坝。

的发展新路径等相继出台，一条独具特色的阿坝现代化发展蓝图清晰绘就：以西北草原特色产业、西南清洁能源产业、东北精品文化旅游、东南绿色经济先行4个特色鲜明、功能互补的绿色发展示范带构建；以"七大保护"行动、"七大治理"工程为代表的生态修复治理；以"6+N"高原特色农牧业、"5+N"生态工业、"1+6"现代服务业为主的三大产业新体系建设；以铁公机"三位一体"高效衔接的立体交通体系构筑。阿坝各族人民所期待的"三家园"有了目标、有了内容，也有了温度。

以人为本、民生优先，阿坝找到了一条具有民族地区特色的"以人民为中心"的发展之路。

沃野天府

四、结语

从1953—2023年，阿坝州历经70年发展，其间经历了建政、民改、发展社会主义经济、政治、文化的第一次创业（"木头经济"）和改革开放，以经济建设为中心，推动跨越式发展的第二次创业（"一体两翼"发展战略）。在中国特色社会主义进入新时代的历史条件下，全州上下聚力更高质量发展，围绕经济转型，兴起第三次创业。今天阿坝大地上的第三次创业，既是在阿坝的第一次和第二次创业基础上的接续奋斗、砥砺前行，更是中国特色社会主义进入新时代，阿坝各族人民在习近平新时代中国特色社会主义思想指引下，追求幸福美好生活、共同迈向现代化、同心共筑中国梦的伟大历史创造。阿坝各族人民的第三次创业，就是要把阿坝州建设成为全国民族团结进步示范州和川西北生态示范区、国家全域旅游示范区，使之成为全州各族人民的和谐幸福家园、生态美丽家园、富裕小康家园。这既是全州第三次创业的重大主题，也是今后很长一段时间阿坝各族人民为之奋斗的目标。

事实胜于雄辩！阿坝70年沧桑巨变，生动地诠释了中国特色社会主义制度具有无比优越的制度优势，民族区域自治制度具有无比旺盛的生命力，党的民族政策具有无比强大的感召力。迈上全面建设社会主义现代化强国新征程，阿坝各族人民定将踔厉奋发、勇毅前行，加快建成"一州两区三家园"，共赴中华民族伟大复兴。

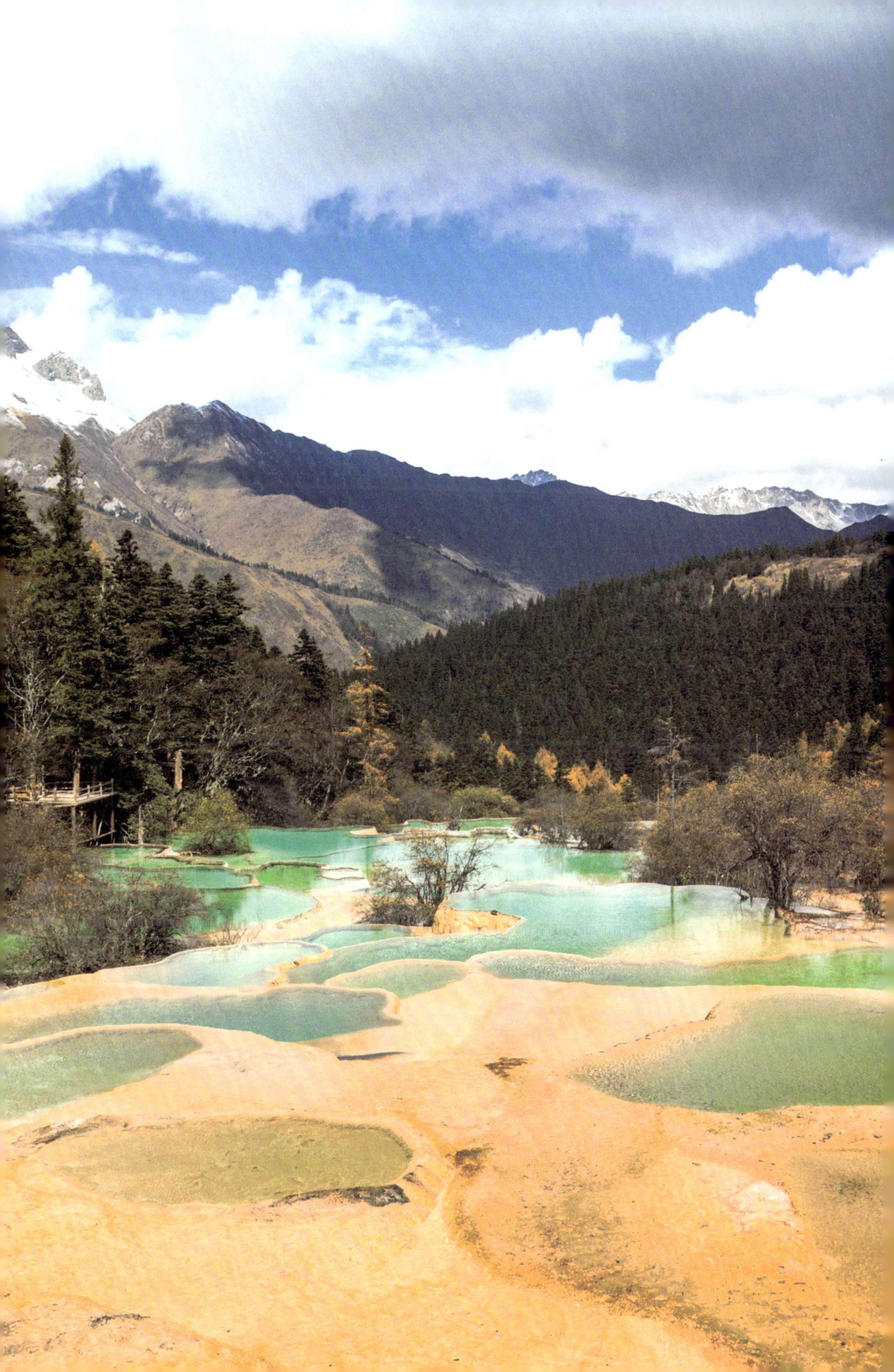

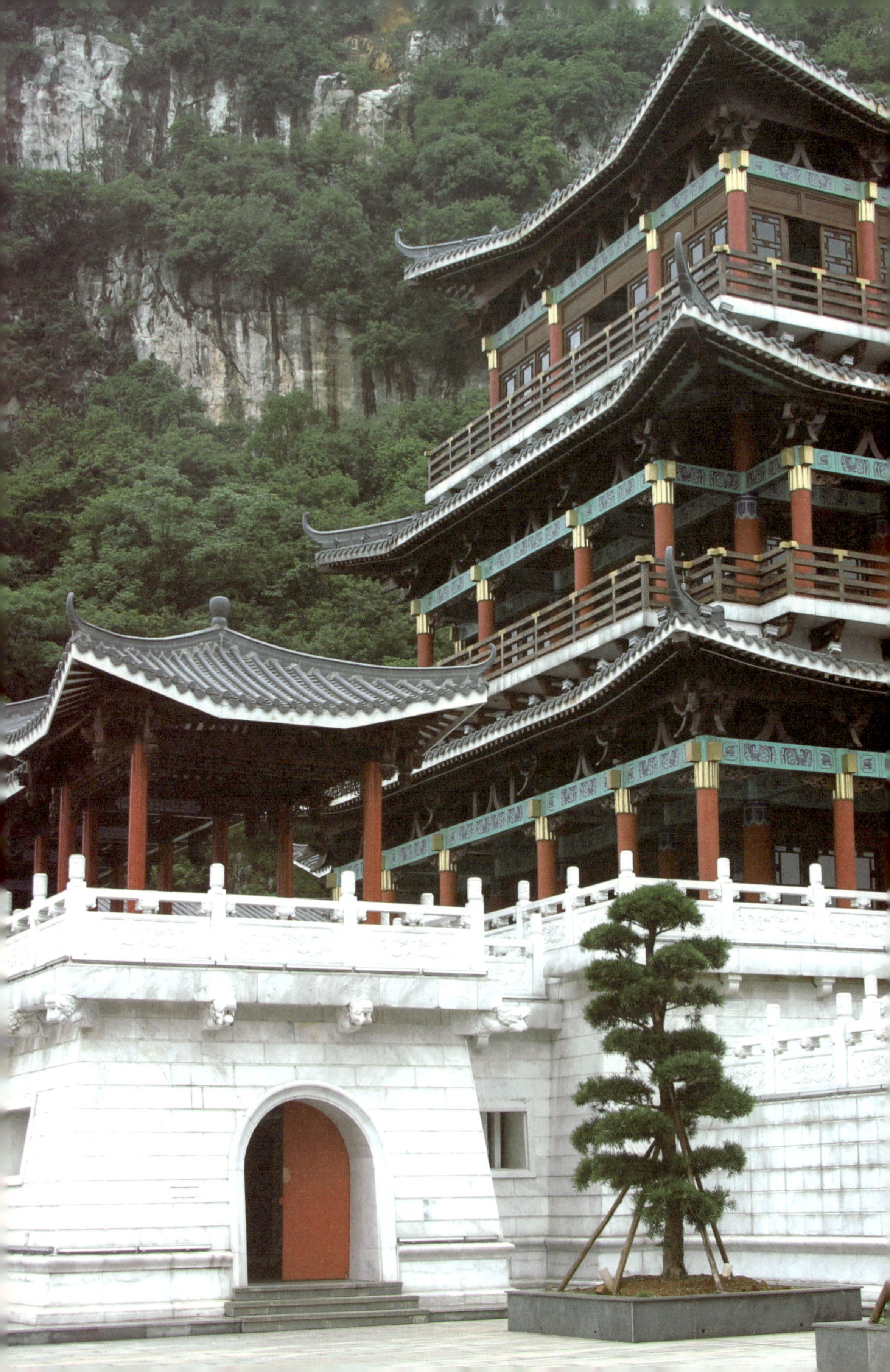

第八章

一座酿造幸福的"醉美"城市
——泸州故事

　　作为四川培育壮大的七大区域中心城市之一，泸州是全省经济大市和工业重镇，正处于工业化中期向中后期转型推进、全面融入成渝地区双城经济圈建设的关键阶段。在党的二十大描绘了以中国式现代化全面推进中华民族伟大复兴的宏伟蓝图、四川省委十二届二次全会对坚定以中国式现代化引领四川现代化建设作出系统部署的前提背景下，泸州市委坚定以习近平新时代中国特色社会主义思想为科学指引，深入学习贯彻党的二十大和二十届一中、二中、三中全会及省委十二届二次、三次全会精神，认真落实党中央和省委各项决策部署，坚持稳字当头、稳中求进，以"四化同步推进、城乡深度融合、'一体两翼'齐飞"为工作总抓手，突出优势优先、特色发展，扎实推进以中国式现代化引领新时代区域中心城市建设，奋力谱写四川现代化建设的泸州篇章。

沃野天府

一、产业转型升级，推动制造到"智造"加速演进

近年来，泸州市坚持工业优先、创新发展，加快建设现代化产业体系，推动产业转型升级与城市转型发展，以产业更新带动城市更新，确保以中国式现代化引领新时代区域中心城市建设开好局、起好步。

中国酒城·醉美泸州——一座酿造幸福的城市（泸州市人民政府供图）

第八章 一座酿造幸福的"醉美"城市——泸州故事

（一）工业兴市制造强市，推进新时代泸州现代化建设

1. 抓存量，传统产业赋新能

作为老工业城市，泸州转型，认准了做好"存量变革"、抓好"增量崛起"。化工、机械、能源、酿酒等传统支柱产业，目前都在积极转型升级。

曾濒临破产的泸州长江机械有限公司，自 20 世纪 60 年代以来，以生产传统农机配件为主，市场之路越走越艰难。近年来，公司通过生产系统自动化智能化改造等，持续转型发展，在汽车零部件上做强"高精"文章，成功创建成为国家级专精特新"小巨人"企业和高新技术企业，与世界知名变速器制造商及国内多个整车生产厂家建立起稳定的合作关系，企业发展蒸蒸日上。

沃野天府

谈及从"动力不足"到高质量发展的转型之路，公司生产副总经理雷巍认为，企业之所以能成为国内同行业唯一具备全工艺过程制造商，秘诀之一正是注重研发，坚持走自主创新之路。

"传统产业不传统"，泸州结合实际，找准转型发展突破口：一方面，巩固提升白酒（食品）、能源化工产业、装备制造等传统产业转型升级，积极开展全国重要的能源化工产业基地和世界级优质白酒产业集群的打造工作。另一方面，坚持创新优先、转型发展，制造业不断实现绿色化、高端化、智能化；坚持链主优先、集群发展，更好发挥链主企业作用，带动上下游配套企业落地。

2022年，泸州能源产业和白酒产业年产值分别比上年增长16.6%、8.1%，白酒产业从2021年起连续保持"千亿营收"。目前，泸州已拥有包装材料和白酒制造两条完整的白酒产业链，建成了集约化、专业化、全产业链园区（以白酒制造为主导），形成了链条完整、功能齐全的现代白酒产业集群。

2. 谋增量，新兴产业后劲强

要实现跨越式发展，仅靠吃老本不行。近年来，泸州抢抓东南沿海产业转移机遇，加快引进培育、做大做强绿色建材、数字经济、纺织新材料、现代医药等新兴产业集群，形成有效新产能。

在泸州市江阳区省级电子商务示范基地，京东（泸州）数字经济示范园已有16家重点企业签约入驻。这是2022年泸州市引进的数字经济产业重点项目，以"平台＋生态＋运营"模式，帮助泸州及周边地区特色产业和特色产品走出川南。

近年来，泸州以建设西南地区重要的数字经济产业集聚区和电子信息产业制造基地为目标，先后引进了包括四川长城、中国电子等在内的300余家电子信息企业，形成了较为完整的电子信息（数字经济）产业生态链。

在四川自贸试验区川南临港片区，可为宜宾、重庆等地的企业提供电池负

第八章 一座酿造幸福的"醉美"城市——泸州故事

酒以城名，城以酒兴——酒城泸州（阮春华 摄）

极材料的合盛集团,其高档锂电铜箔项目已进入试生产,该项目年产量可达 4 万吨。目前,川南临港片区已聚集合盛、恒力、中海沥青、新康意 4 个新材料企业,为泸州打造先进材料产业链提供了强大实业支撑。

新兴产业为泸州工业带来新增量。数据显示,2022 年,泸州包括先进材料、电子信息和装备制造等在内的五大现代产业增加值同比上涨 7.3%,比全部规上工业增速(6.0%)高 1.3%。高技术产业增加值同比增长 1.5%,后劲强劲。

产业的升级和更新,也带动了人才结构的变化。据了解,近年来,泸州紧扣产业转型升级,深入推动产才融合,加快推进人才工作市场化进程,建成了成渝地区双城经济圈(泸州)商学院等重大平台,加快推进中国西部工匠城建设,创新人才评价、激励、保障机制,目标是 5 年聚集各类人才 20 万人。

(二)"链长制"赋能,筑牢实体经济支撑

"链长制"是推动泸州产业发展的一项工作创新,是泸州现代工业体系建设迈上新发展阶段的体现。通过这一制度,泸州的零散产业可以实现"串联"发展,并进一步迈向生态化与链条化,不仅能够壮大自身,还能增强泸州本地的吸附力,吸引更多相关项目落地,从而增强产业竞争力,为高水平建设新时代区域中心城市奠定基础。下表展示的是 2021 年泸州"链长制"的推行过程,在多名市领导带头引领下,泸州组建专业队伍,扎实推进产业链强链补链延链。

2021 年泸州"链长制"推行时间表

时间	内容
8 月 4 日	泸州市委八届十一次全会首次提出要实行优势产业生态链"链长制"
8 月 11 日	泸州市重点工业产业生态链链长制工作会议提出,要以建立重点工业产业生态链为抓手,着力强链延链补链,持续提升产业竞争力

第八章 一座酿造幸福的"醉美"城市——泸州故事

续表

时间	内容
8月23日	泸州市重点工业产业生态链链长制工作领导小组及办公室、泸州市重点工业产业生态链链长及工作推进组组建完成，泸州市重点工业产业生态链链长制工作推进机制建立
8月25日	泸州市集中选派驻企业（项目）服务专员、招商专员工作动员会召开
8月30日	泸州市驻外招商专员培训正式开班
9月14日	泸州市召开制造业招商引资"百日攻坚"行动动员会，首次整合行业主管部门和招商部门开展联合招商，同时七大重点工业生态产业链链长开始带队招商
……	……

资料来源：泸州市人民政府官方网站。

由此，泸州市"一个产业＋两位链长＋一个牵头部门＋一个工作专班"的工作机制迅速铺开。"链长"接着"天线"，关系着生态链建设的相关政策研究与部署；"专班专员"接着"地气"，关乎着企业发展中遇到的实际困难能否得到顺利且有效的解决。

"链长制"推行以来，泸州市重点工业产业生态链取得怎样的成果？让我们由"链长＋链主＋专员"这一特色，体会"链长制"赋予泸州工业发展的蓬勃力量。

1. 链主企业打头阵，推进泸州产业链体系打造

链主企业被视为产业链上最亮的珍珠，在产业链中占据主导地位，发挥着引领支撑作用。

现代医药产业是泸州市实施产业生态链"链长制"的七大重点工业产业之一，四川天植中药股份有限公司则是现代医药产业生态链上的一家链主企业。

天植中药结合乡村振兴政策与区域优势，做强上游种植链条，全力推进泸州产业链体系打造，与乡镇村专合社合作，在泸县已有2300亩核心基地种植枳壳与枳实，目前实现带动6000亩，同时在合江县白鹿镇有1500亩佛手的核心种植基地。带动了种植基地建设，促进了产业融合，走稳全产业链、全方位整合的发展之路。天植中药已经完成与贵州百灵等多家知名药企的合作签约，而该公司的发展，正是泸州建立重点工业产业生态链，着重推动产业竞争力提升的一个缩影。

能源化工是泸州市的传统优势产业，作为能源化工产业生态链链主企业之一的四川泸天化股份有限公司，早已在强链延链补链上作出谋划。"做优基础化学品产业，做强做大新型肥料产业，在精细化学品和化工新材料等战略性新兴产业上寻求新突破，培育发展生物化工、新能源等前沿性新技术产业。"公司技术中心主任介绍说，近年来，公司在"新农化、新能源、新材料"三新产业发展战略下，长碳链烯基高性能精细化学品技术开发项目、二氧化碳制高端化学品关键技术开发项目等已经取得重大突破。

总体而言，为进一步提升市场竞争力，泸州企业正在"链长制"下不断探索。

2. 驻企专员强服务，搭建好企业与政府沟通的桥梁

在"链长制"实施过程中，除了链主企业，全市100名驻企服务专员也发挥着重要的作用，他们调研企业、梳理问题、制定服务方案……为切实解决企业发展中遇到的各种问题和困难提供精心的链条式服务，从而促进企业的高质量发展。"链长+链主+专员"是链长制的特色，专员是不可或缺的一环。在链长制的推行中，七大重点工业产业生态链的负责专员可谓是忙里忙外，尽心尽责。

比如，担任装备制造驻企服务专员的曾发海，自上任以来近20次深入基层、

企业，甚至到企业下游客户中开展调查研究。认真收集和梳理企业对外部配套和营造营商环境的建议，切实做到宣传相关政策和措施，搭建好政企沟通互动的平台，发挥好连接纽带的桥梁作用。

白酒产业是泸州的支柱产业，白酒食品产业链的驻企服务专员深度调研老窖股份、郎酒集团、川酒集团等10家链主企业，共梳理出链主企业提出的29条问题，帮助解决了三溪集团落实酒库项目用地、协调督促玉蝉酒业集团扩建项目环评手续落地等问题。同时，专员们还把他们的工作延伸到了原料种植环节，为切实服务建设好白酒产业"第一车间"，他们在高粱种植基地召开了由农业农村部门、基地村社、酿酒企业参加的座谈会，推动原料生产与白酒酿造有机衔接。

由此可见，克服企业难题，"链长制"正在为泸州不断提供解决方案。

3. "链长制"赋能，重点工业产业经济效益稳步提升

强链补链延链，重点工业产业生态链"链长制"为泸州的产业发展带来了积极效应。数据显示：2022年前10个月，全市电子信息（数字经济）、装备制造等七大重点工业产业生态链，实现规上工业增加值增长5.7%，促进全市规上工业增加值增加5.1个百分点，营业收入2044.6亿元，比上年增加10.2个百分点，利润总额315.1亿元，比上年增加25.4个百分点。[①] 由此可见，"链长制"下，泸州的现代工业体系建设正在迈向新阶段，全市工业经济正在奋力谱写高质量发展新篇章。白酒（食品）产业稳步攀升、电子信息（数字经济）产业发展壮大、装备制造产业智能升级加快、现代医药产业增长迅速、能源化工效益大幅改善、纺织新材料加快成势、绿色建筑建材转型步伐加快。具体如下表：

---

① 泸州统计局：《泸州市2022年国民经济和社会发展统计公报》。

2021年泸州七大重点工业产业发展成效

重点产业	经济发展成效
白酒（食品）产业稳步攀升	白酒（食品）产业着力做大规模、做优品质、做响品牌。2021年，全市白酒（食品）产业285户规上工业企业实现营业收入1457.1亿元，同比增长15.6%；利润总额256.7亿元，同比增长46.2%
电子信息（数宁经济）产业发展壮大	成渝地区双城经济圈建设重大战略机遇下，泸州积极融入"成渝科创走廊"体系，大力发展数字经济。在中国电科、中国电子等龙头企业带领下，积极推进中国电子（泸州）产业园等示范项目建设，成功创建包含全国智慧城市试点城市、国家特色型信息消费示范城市、四川数字城市试点城市和全国首批千兆城市等在内的100个各类试点示范、奖项及典型案例，一定程度上培育起泸州在数字经济发展领域的特色和优势。2021年，泸州电子信息产业规上工业企业实现营业收入164.2亿元，同比增长28.8%
装备制造产业智能升级加快	成功组建"泸永江"装备制造产业联盟，顺利投产泸州豪能汽车同步器系统等智能生产线项目，加快汽车差速器总成生产基地、泸州海科机械智能制造等智能工厂建设。2021年，泸州全年装备产业规上工业企业实现营业收入189.5亿元，同比增长13.9%
现代医药产业增长迅速	步长生物基地、奇格曼原料药、天植中药新建厂房等项目竣工，瑞芳德、科瑞德技改等项目建设有序推进。2021年，全年现代医药产业规上工业企业实现营业收入41亿元，同比增长17.3%
能源化工效益大幅改善	加快化工绿色低碳转型，竣工投运开丽环保年产3000吨分子筛生产线、众邦制药二期等项目。2021年，全年能源化工产业规上工业企业实现利润37.6亿元，同比增长155.8%
纺织新材料加快成势	恒力（泸州）产业园年产10亿米纺织项目陆续投产，累计产布2亿多米，解决就业约3900人。2021年，全年纺织新材料产业规上工业企业实现营业收入28.4亿元，同比增长76%
绿色建筑建材转型步伐加快	鑫阳钒钛钢铁置换升级、赛德水泥技改扩能等项目竣工投产，7家产能置换砖瓦企业加快升级改造。2021年，全年绿色建筑建材产业规上工业企业实现营业收入217.2亿元，同比增长17.7%，综合能耗下降15.8%

"链长制"赋能，泸州产业发展在不断提质增效。在新的节点与阶段，以"强链、补链、延链"为发展思路，泸州的产业生态链将更具核心竞争力。

（三）新型工业化主导，建设现代化产业体系

泸州如何走现代化之路——"四化同步"是基本路径。泸州市委九届五次全会对"四化"的定位作出了明确规定，具体为：新型工业化主导、信息化赋能、城镇化带动、农业现代化固本。强调要推进工业化与信息化的深度融合、促进城镇化与工业化的良性互动、主推农业现代化与城镇化的相互协调。总体而言，"四化同步"是为了着力解决泸州发展动力与发展方式的问题。

"四化"中，工业化占据着十分重要的地位，"深入推进新型工业化，加快建设现代化产业体系"是四川省委十二届三次全会作出的重要决定。泸州市委九届六次全会审议通过的《中共泸州市委关于深入推进新型工业化服务全省现代化产业体系建设的决定》也明确强调，要发挥好新型工业化的主导作用，促进泸州的现代化产业体系建设进一步迈上更高的台阶。所以，作为新时代区域中心城市的泸州，应当承接好使命，积极推进自身的现代化产业体系发展。

1. 实施"三大行动"，构建"大产业、细分工"格局

特色优势产业提质倍增、成长型支柱产业突破发展和战略性新兴产业引育壮大这"三大行动"是泸州抓优势、强特色，推动现代化产业体系迈上新台阶的重要抓手。

首先，实施"特色优势产业提质倍增行动"，需要泸州秉持优势优先的原则，着力推进白酒（食品轻纺）和能源化工两大特色优势产业实现高质量跨越发展，持续促进规模做大，进而提高效益。比如，在白酒产业上，泸州紧紧抓住泸州老窖、郎酒集团和川酒集团为龙头的优质浓香白酒、优质酱酒和优质原酒三大核心产区，朝着建设世界级优质白酒产业集群努力奋进。

其次，实施"成长型支柱产业突破发展行动"，需要泸州积极推进先进技

沃野天府

的改造和运用，提升产业基础能力，不断推动企业竞争力、品牌影响力和产品附加值的提高，早日形成装备制造、医药健康电子信息和先进材料四大重点产业集群。比如，在电子信息产业上，泸州抢抓成渝双城经济圈战略机遇，积极主动向成渝地区电子信息先进制造集群靠拢，着力聚焦信创、电子元器件、智能终端等特色重点产业，努力朝着建设西部重要的创新成果转化中试基地、人才储备基地和电子信息产业制造基地迈进。

最后，实施"战略性新兴产业引育壮大行动"，需要泸州重点聚焦机器人和航空航天等新兴领域，前瞻性引商布局，推动塑造竞争新优势，激发发展新动能。

2. 推进融合发展，促进"老底子"焕发"新生机"

融合发展是泸州市提升产业整体效能、积极推进自身的现代化产业体系发展的必然要求。近年来，泸州积极推动"两业融合"试点，促进先进制造业与现代服务业融合发展，推进生产性服务业向专业化和价值链高端拓展；同时，通过实行"金融+制造"工程，大力推进工业旅游，促进消费扩容提质，为推动新型工业化营造了良好的生活生态。

此外，泸州还在积极探索"数实融合"，并将其作为促进传统产业质量、效率和动力变革的发展方向。在泸州占比超过七成的传统产业"老底子"亟待通过数字赋能，焕发出"新生机"。近年来，泸州通过引进中国电子等数字经济领域的龙头企业，有力推动了全市数字经济的快速增长，为"数实融合"打下了良好基础。未来，我们还将积极促进产业数字化转型，着力做好实体经济与数字经济深度融合的大文章，让泸州的产业实现乘"云"而上、借"数"转型。

二、"一体两翼"齐飞，推进区域协调发展新格局

2021年11月，泸州市委第九次党代会明确提出"一体两翼"特色发展战略。这一战略是泸州市抢抓成渝地区双城经济圈建设机遇，推进省委"一干多支"发展落地落实，进而促进城市能级提升的一个重要部署。其中，"一体"即泸州市江阳区、龙马潭区、纳溪区；"东翼"即泸县与合江县；"南翼"即叙永县和古蔺县。

实施"一体两翼"特色发展，要夯实"一体"核心支撑、培育"东翼"新兴动力源、推进"南翼"特色发展。唯有这样，才能形成相互促进且又各具特色的新时代区域中心城市空间新布局，更好更有效地融入和服务新发展格局。

（一）夯实"一体"核心支撑

"一体"作为核心增长极，要紧紧抓住"三高地"建设，走在前列、勇挑重担，有力推进城市能级和核心竞争力的稳步提升。

1. 共建区域现代服务业高地

近年来，泸州市以升级产业结构、完善城市功能、提升生活品质等为重点，

沃野天府

不断推动形成高水平的服务供给、高增值的服务环节和高品质的服务内容，切实筑牢"泸州服务"品牌。

第一，建设区域商贸物流中心。泸州牢牢抓住"建设港口型国家物流枢纽承载城市"这一重要契机，最大化发挥泸州综合保税区、自贸试验区川南临港片区等平台的叠加优势，共同构建商贸物流发展新格局。整合铁路、公路、水运等资源，大力发展多式联运，拓展泸州港对内陆无水港的服务功能，大力发展网络货运、冷链物流、高铁快运等新业态，补齐快递进村和农村物流短板，全面构建立体综合物流体系。

第二，建设区域医药健康中心。围绕创建"全国健康城市示范市"这一重要目标，泸州大力实施全生命周期健康管理和全人群服务。不断促进医疗救治能力提升，着力推进器官移植、肿瘤核医学等国、省级重点医学专科建设，创建"泸州医疗"品牌，协同"两翼"推进医疗、医药、医教、医养融合发展，打造成渝地区医疗救治第三极。

第三，建设区域教育培训中心。泸州为进一步加快急需领域学科专业的高质量发展，鼓励并支持四川警察学院和西南医科大学分别创建全国重点公安院校和西部高水平医科大学。鼓励市内高职院校升格本科院校、争创国、省"双高计划"，支持市内职业院校建设一批高水平、专业化产教融合实训基地。建立健全以技能为导向的培训体系和职业教育，促进中职学校办学能力进一步提升。积极推进中小学及幼儿园配套建设，提高公办中小学学位供给能力和公办幼儿园覆盖率。支持创建省级智慧教育示范区，打造一批省级智慧教育示范学校。

第四，建设区域文体赛事中心。泸州锚定国家体育消费试点城市和建设国家文化和旅游消费示范城市两大目标，积极推进文体产业实力增强与文体服务水平提升。其一，深挖酒城文脉，激活"酒"文化基因，依托泸州老窖品牌，持续举办国际诗酒文化大会等精品活动，提升优质文化产品供给能力。其二，做强"中国长江诗歌带""泸州河"等文艺品牌，培育文化创意产业和非遗体验基地。其三，挖掘红色文化资源，构建红色研学场景，与"南翼"联手打造红色旅游目的地。其四，积极引进国、省级体育赛事、演绎赛事、电竞比赛等赛事活动，提升区域赛事影响力。

第五，建设区域金融服务中心。把金融环境打造作为基础、把"中国泸州·金融中心"作为依托，重点抓住社会信用体系建设，着力发展并推广多层次资本市场运用，建设具有泸州自身特色的高质量金融产业。加快建设省内一流的金融商务区，持续招引各大金融法人机构入驻，形成银行、保险、证券、信托等综合性现代金融服务业集聚中心。

2. 共建区域先进制造业高地

近年来，泸州市围绕存量变革、增量崛起和生态构建的目标，大力推动制造业低碳化、数字化和智能化发展，培育了较强的区域先进制造业竞争优势。

第一，打造白酒（食品）产业生态圈。泸州瞄准打造世界级优质浓香型白酒产业集群的远大目标，搭建"一核两组团"的白酒产业可持续发展格局。其中，"一核"指的是四川白酒产业园区，"两组团"指的是龙马潭浓酱兼香基地和纳溪集工业、文旅和生态于一体的"中国酒镇·酒庄"。

第二，打造高端装备制造产业生态圈。为了建设具有全国影响力的装备制造产业集群，泸州聚焦汽车零部件和航空航天等产业，争取建设"三大基地"。分别为航空航天高端装备制造产业基地——西部一流，井下装备和集成液压研发生产基地——全国一流，汽车传动系统生产基地——全球一流。

第三，打造电子信息（数字经济）产业生态圈。泸州将着力点放在中国电子（泸州）产业园等平台载体上，努力创建四川省数字经济发展创新示范区，从而进一步推动该产业的集群化、规模化、特色化和融合化发展，做强"泸州品牌"，扩充"泸州造"产品矩阵，打造"信创产业要塞、数字创新名城"。

第四，打造纺织新材料产业生态圈。为了培育一批影响力大、美誉度高的纺织消费品牌，泸州将恒力（泸州）产业园作为牵引，着重聚焦纺织品生产、织造和纺丝三大产业板块，积极建设和培育出效益好、链条优和规模大的"一园和一区"，即全国纺织产业转移示范园和西部地区纺织新材料产业集中发展区。

3. 共建区域都市现代农业高地

泸州市重点突出都市需求这一导向，推动农业生产和消费方式优化提升。

第一，打造绿色有机农产品生产供给基地。泸州以生态养殖、特色经作和优质粮油为重点，围绕创建国家农业现代化示范区这一总牵引目标，积极打造高效特色的农业产区，以期带动三区农业的高质量协同发展。

第二，打造城郊农旅融合游憩休闲基地。以培育特色景区、塑造精彩景点、彰显优美景色为目标，深挖农业的社会、经济、文化等各类价值，规划建设一批郊野公园、田园综合体和美丽乡村。

第三，打造农业科技创新转化示范基地。推动长江上游水域生态修复技术中心和国家现代农业产业科技创新中心落户泸州，深入推进科技与金融、人才、产业等要素融合发展。加强泸州种质资源保护与开发利用，培育打造川南特色农业"硅谷"。

（二）培育"东翼"新兴动力源

作为新兴动力源，"东翼"两县要重点围绕"三区"建设，敢闯敢试，积极打造川南渝西融合发展桥头堡。

1. 建设绿色低碳发展试验区

（1）加快清洁能源产业突破发展。聚焦实现"双碳"目标，协同川南渝西页岩气资源开发，积极稳妥、科学有序推进泸县页岩气勘探开发，梯次推进合江县页岩气滚动开发，加快西南油气田页岩气勘探开发等项目建设，打造川渝页岩气核心产区。多措并举推进生物质能等清洁能源资源开发转化利用，支持合江县发展农林生物质发电。提升泸州东 500 千伏变电站枢纽作用，加快推进合江县电力体制改革，构建强支撑、多环网的坚强智能电网。

（2）加快特色优势产业绿色低碳转型。按照"大产业、细分工"协作模式，促进"东翼"特色优势产业与"一体"、川南渝西等区域的集群链式发展、错位梯度互补，推动食品饮料、精细化工、新能源新材料等产业智能化、绿色化转型。

（3）加快发展全生命周期健康产业。发挥泸州医药产业园区平台优势，培育壮大化学药、中药、医疗器械、生物制药等医药制造产业，支持川佛手、金钗石斛等道地中药材种植，打造成渝地区乃至全国知名的医药生产基地。大力开发口腔医疗设备、新型植介入产品等，完善医疗装备及器械等产业链，推动医疗器械特色产业园向高端发展。促进医养、医药、医教、医疗深度融合，依托福宝等本地康养资源，深化与西南医科大学等知名院校、三甲医院合作，培育以医疗、康复、养生为生命核的生命健康复合体。

（4）加快农业产品生态价值。实现依托区域农业资源禀赋，以农业生态为本底，统筹布局荔枝、龙眼、真龙柚、高粱、油菜、水稻等特色农业产业，支持泸县、合江县争创国家农业科技园区和省星级现代农业产业示范区，建设稻渔种养、特色水果、优质高粱等特色产业带。

2. 建设共同富裕先行区

（1）全面推进乡村振兴发展。2021 年 6 月 3 日，泸州市乡村振兴局正式挂牌成立。健全农村公路网络，推进乡村客运"金通工程"全面实施，打通城乡交通运输微循环。巩固提升农村饮水安全工程，逐步实现全域安全供气，优化农村电网骨干网架建设，实现农村电网改造全覆盖。结合"9·16"泸县地震灾后重建，突出乡土文化和地域特色，推广小规模、组团式、微田园、生态化模式，加快美丽宜居乡村建设。重视农村人居环境整治工作，推动农村污水处理和垃圾清理能力提升，实施农村厕所改造，加强废弃物资源化利用。培育农村经济新模式，健全城乡商贸物流配送体系，推动运动健康、森林康养和乡村文创、旅游等新业态的大力发展。

（2）着力提高人民收入水平。深入实施就业优先政策，拓宽并健全城乡居民财产性收入渠道。深入推进农村集体产权制度改革，着力发展壮大村集体经济，探索股份合作、资源合作、托管代理服务等多种新型农村集体经济发展模式。聚焦河权、林权改革，探索创新河道经营权承包模式，搭建林权流转交易平台，培育生态鱼类观光、水上运动、滨水旅游等业态，拓展群众收益。整合土地、林地资源，统筹农耕文化、农田景观，通过利益联结机制的建立健全，尝试探索"共享田园"模式，从而进一步推动农业农村现代化与农民职业化发展。

（3）着力推进公共服务一体化。泸州扎实促进城乡基本公共服务制度并轨、标准统一，推动公共文化服务效能稳步提升；对城乡教育资源进行统筹配置，推进义务教育优质均衡发展；鼓励三甲医院与县级医院实施远程医疗、巡回医疗和对口帮扶，提升乡镇、村医疗卫生服务水平；推动城镇化"人地钱挂钩"政策落实落地，提升农业转移人口市民化的质量与水平，加快新型城镇化进程。

3. 建设川渝融合创新示范区

（1）合力建设外联内畅交通体系。全力畅通内外开放通道，形成"东翼"快速通达主城区，联通永川、江津，进而实现通江达海、全域开放的交通运输格局。统筹推进长江港口资源整合和岸线开发利用，开展既有码头技改升级，实施港口码头岸电及船舶受电设施改造，充分发挥长江水运优势，助力泸县、合江县临港产业转型升级。

（2）合力推进泸永江融合发展示范区建设。推动以产业链、创新链深度融合促进泸永江融合发展示范区建设，探索泸永江融合发展核心区域共建、共管、共享的创新管理机制和运营机制，积极筹建泸永江开发建设主体。发挥毗邻地区农特产品优势，共同壮大荔枝、龙眼、花椒、茶叶等特色产业，共塑地理标识品牌，合力推动泸永江现代农业合作示范园建设。共同发挥白酒酿造优势，推动酒庄文旅、酒业科创、酒粮农业联动发展，共建津泸合优质白酒生态酿造区。探索"永泸协同、错位发展、优势互补"共建模式，积极对接成渝地区产业发展需求，共建泸永职教实训基地，支持中高职院校在毗邻区域优先布置，联合打造西部（永泸）工匠城，共塑"巴蜀工匠"品牌。

（3）合力建设川渝特色农旅经济走廊。立足丘区生态本底，依托泸县玉蟾山、合江福宝等生态资源，加强与永川、江津等地景区协同开发，联合打造优质生态旅游产品，共建生态旅游环线。顺应都市农业发展趋势，推动农业与生态、白酒、健康、文化、旅游等产业融合，共建一批功能互补、特色差异、优势独特的农业主题公园、农旅融合基地。探索发展体验式、分享式、认养式农业新业态，带动运动休闲、养生保健、酒镇酒庄及相关配套产业共同发展。协同举办荔枝文化节、金秋龙眼节、花椒节、富硒食品节等农旅文化传播和展演活动，共建川渝特色农旅品牌。

（三）推讲"南翼"特色发展

作为特色发展带，"南翼"要做优做特"三带"，努力挖掘革命老区振兴发展的有效路径。

1. 实施"红色+"融合发展——建设以"四渡赤水"为重点的红色文化传承带

以长征国家文化公园建设为抓手，以四渡赤水红色文化为核心载体，大力推动"红色+"融合发展，打造全国红色旅游经典目的地。

沃野天府

泸州古蔺太平渡渡口（刘汉中 摄）

第八章 一座酿造幸福的"醉美"城市——泸州故事

（1）强化红色资源保护利用。编制完成《"重走长征路"泸州市红色旅游交通运输实施方案》《长征国家文化公园泸州段建设保护规划》等方案，并对长征国家文化公园泸州段建设管理体系进行了健全和完善。积极打造泸州四渡赤水红色文化视觉形象识别系统。开展中央红军、川南游击纵队、川滇黔工农红军游击队等重要人物、重要事件、重要遗址遗迹发掘，加强革命文物征集收集，推进太平、石厢子等四渡赤水红色文化资源保护修缮，建设一批馆藏革命文物保护重点项目。

（2）强化"红色"文化传承弘扬。打造红色三镇——太平、二郎、石厢子，加快红军长征过石厢子与太平、二郎等重点展示园建设，促进四渡赤水红色文化传承展示。持续完善太平—二郎长征历史步道，打造红色历史场景，打响"红色三镇""鸡鸣三省"品牌。打造一台剧——四渡赤水出奇兵，实景演绎呈现四渡赤水战役场景。打造一条线——四渡赤水红色文旅环线，有机串联红色旅游景区景点，推动共享贵州、云南红色资源，共建红色文旅生态圈。打造一堂课——四渡赤水历史文化课，加强红色文化研究阐释和宣传推广，全方位植入学校教育、干部培训，培养红色宣传员，讲好红色故事。

（3）促进"红色+"深度融合。深化"红色+旅游"，完善红色旅游景区（点）公共配套服务设施，建设长征历史步道、魅力古镇等重点项目，开发一批沉浸式、互动式新产品，打造红色演艺、体育赛事等多种业态。深化"红色+酱酒"，深入挖掘二郎镇、太平镇、茅溪镇等知名酱酒产区和四渡赤水资源优势，推动酱酒产业与长征国家文化公园建设相结合。深化"红色+教育"，协同推进长征干部学院分校区和石厢子会议教学点建设，加快建成四渡赤水分院古蔺、叙永两个校区，打造全国红色教育实践基地。深化"红色+历史文化"，深度挖掘泸州传统文化、民俗文化，打造红色历史文化旅游品牌。深化"红色+生态"，结合赤水河流域生态文明建设，打造"鸡鸣三省"大峡谷景区，促进红色文化和绿色生态相互融合。

2. 加快发展千亿酱酒产业，建设赤水河谷优质酱酒产业发展带

紧紧抓住国家白酒产业政策调整这一重要机遇，积极打造赤水河左岸世界级优质酱酒集群。

（1）优化酱酒产业布局。统筹完善"南翼"地区酱酒产业规划布局，科学谋划生成一批酒类重大项目，巩固扩大优质酱酒产能。重点推动郎酒酿酒工程技改项目，支持叙永建设世界级优质酱酒核心区的配套功能区，助力"酱酒酿造在古蔺、配套在叙永等地"大布局的形成。

（2）大力培育市场主体。坚持"抓大、扶中、推小"梯次发展，支持以郎酒为龙头的酱酒企业创新发展、上市发展，成为300亿～500亿级企业；积极培育"小金花"仙潭、"小巨人"川酒、金美、沈酒等成为20亿～50亿级企业；加强酒类生产加工小作坊规范管理，支持个转企及企业升规入统，大力培育有核心竞争力的市场主体，形成更具规模经济和集约发展的"中国酱酒之乡"。

（3）推动全产业链发展。统筹推进酱酒强链补链延链，通过推动原粮种植—酿酒—品牌塑造—市场营销等全产业链的一体化发展，助力独具特色的酱酒生态圈的形成。鼓励酒旅深度融合，充分挖掘红色文化、溶洞资源等，打造"白酒＋康养休闲""白酒＋体验观光"等精品旅游线路。支持酒镇酒庄建设，打造郎酒"赤水河左岸·庄园酱酒"世界级白酒庄园，支持"中国沈酒庄园5A"景区创建。支持酒类生产企业绿色化、智能化改造，推进酒类生产企业废水集中排放处理，打造白酒绿色循环低碳产业链条。

3. 全面促进生态资源价值转换，建设山地避暑康养生态价值实现旅居带

发挥乌蒙山海拔、气温、自然景观等优势，大力发展生态康养旅游产业，打造成渝地区双城经济圈山地避暑康养优选地。

第八章 一座酿造幸福的"醉美"城市——泸州故事

（1）优化规划布局。编制以山地康养为特色的《泸州市山地避暑度假产业发展专项规划》，以红色旅游乡村振兴示范路为串点连线，形成以"水尾—黄荆""分水—摩尼—双沙"为"两核"，以罗汉林、丹山玉皇观、郎酒庄园、茅溪醉心谷、双沙画里乡村、观文千鸟湖为"多点"，构建"两核""多点"连线全域康养格局。

（2）提升医养结合。强化医疗服务保障，加快"南翼"地区优质医疗资源扩容与均衡布局，推动建设叙永县、古蔺县人民医院、县中医医院"创三甲"等医疗卫生重点项目。健全老年健康服务体系，推进乡镇卫生院、养老院"两院一体"发展。合理布局建设医疗急救分中心或急救站点，加强风景旅游景区、康养线路急诊急救体系建设。

（3）创新康养模式。统筹文旅、农业、运动、中医药四大康养业态，推进"康养+"融合发展。大力发展文旅康养，支持康养小镇、康养竹乡、康养酒店（民宿）、康养示范区、康养示范中心（基地）等载体建设，实施分水罗汉林、摩尼仙草湖、黄荆老林森旅小镇、茅溪醉心谷、双沙画里乡村、观文千鸟湖等旅游项目，串联生态资源、红色文化、白酒文化、民族风情，打造精品康养旅游线路。

沃野天府

三、城市品质提升，
酿造幸福美丽酒城泸州

近年来，泸州坚持生态优先、绿色发展，大力实施城市提质攻坚行动，酿造幸福美丽酒城泸州。

渔子溪生态湿地公园（泸州市委宣传部供图）

（一）环境更优，提升全域绿化水平

1. 推进国土绿化，增强绿色本底

大力推进石漠化综合治理、退耕还林等林业重点工程，2022年计划实施森林管护357.54万亩、森林质量精准提升15万亩、石漠化地区综合治理8万亩、巩固退耕还林成果61.5万亩，森林覆盖率达51%，森林蓄积增加10万立方米以上。利用植树节开展全民义务植树系列活动，组织全市机关、市民带头参与义务植树，建设国防林、纪念林、巾帼林、认养林等基地5个，义务植树尽责率达到80%以上。

2. 建设公园城市，增强城市绿化

近年来，泸州市大力推动公园城市建设，酿造幸福美丽酒城泸州。按照"全域公园体系＋三级绿道＋公园社区"的建设模式，结合城市更新，强化城市绿化规划为引领，通过留白增绿和拆违建绿等方式，提升城市绿化，留足绿化空间，初步形成了"两环相绕＋两带相接＋四片相拥＋六楔相通＋多点相联"的城市绿地系统布局。采用渗、滞、蓄、净、用、排六大措施，实施山体水体生态保护修复，打造沿江12里花廊绿道，提升城市绿量和品质。截至2022年上半年，全市建成竣工长江生态湿地公园等48个，建设16条景观廊道，人均公园面积达14.8平方米（其中，中心城区人均公园面积14.1平方米）。

3. 打造竹林风景，增强乡村美化

充分利用泸州优质竹林资源，在科学制订《泸州市关于推进竹产业高质量发展建设美丽乡村竹林风景线的实施意见》的基础上，抓住"竹"的特色，推动竹林风景线与乡村振兴、生态旅游等相结合，高标准建设纳叙古百里翠竹长廊、合江金龙湖、纳溪大旺等7条省级竹林风景线。鼓励乡村见缝插绿，最大化发挥房前屋后等边角地、废弃地的作用，在乡村植树400万株以上，立体推进乡村绿化美化，打造生态宜居的美丽乡村。

（二）基础更牢，优化城市功能新方向

近年来，泸州市推进城市体检工作，开展城市极核功能区城市设计，以片区为单元推动城市更新。

一是推动基础设施建设，以"二环一纵一横"为统领，以城市干道连通贯通工程为支撑，积极推动建设绿色、智能、综合且安全的现代化城市交通系统，

努力创建国家公交都市建设示范城市,并统筹布局水、电、气、网和新型基础设施建设。城市的承载力、服务力不断增强。

二是不断配齐基础教育,仅用八九个月时间建成的龙马高中,不仅是对泸州教育资源的有力补充,更是泸州提升城市服务能力、完善城市功能的又一举措。同时,泸州还依托四川警察学院、西南医科大学等8所高校,满足本地及周边群众对优质教育资源的需求,教育服务力、辐射力进一步增强。

三是加强医疗卫生基础设施建设,这是泸州优化城市功能的重要一环。近年来,泸州先后投入近100亿元,高标准、高质量建设区域医药健康中心。目前,市人民医院沙茜院区和西南医疗康健中心一期等一系列项目已经建成启用;与此同时,对市疾控中心和市中医医院城南医院等15个医疗院区开展民生攻坚改善行动,未来还将持续充实泸州的医疗卫生服务能力。

四是推动以人为核心的新型城镇化。在此基础上,泸州还坚持以城市更新为突破口,扎实促进以人为核心的新型城镇化建设,重点提升生产生活服务功能,以未来视角、公共视角和消费视角开展场景研究,探索"公园+业态""历史街区+业态""非遗活态文化+业态""社区+业态"等消费场景模式。围绕建设区域消费中心的目标,不断激发城市发展内生动力,打造长江上游消费城市名片。

按照政府引导、市场为主的原则,泸州正在积极探索、打造在公园中建城市的蓝田邻玉高品质生态住宅区,以生活性服务业、高技术服务业、智能化生活为主的玉带河片区现代消费场景;打造以音乐、文化、艺术为主的酒谷湖现代消费场景;在保护历史文化基础上,打造大北街商业步行街。

(三)生活更好,提升城市生活新空间

泸州在完善城市功能的同时,城市品质也得到不断提升。2021年,泸州成

沃野天府

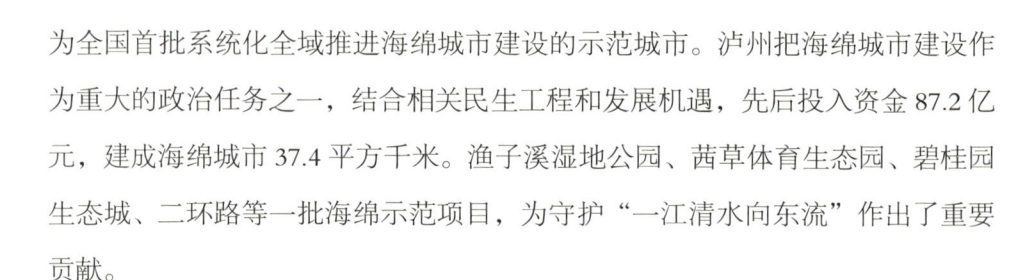

为全国首批系统化全域推进海绵城市建设的示范城市。泸州把海绵城市建设作为重大的政治任务之一,结合相关民生工程和发展机遇,先后投入资金87.2亿元,建成海绵城市37.4平方千米。渔子溪湿地公园、茜草体育生态园、碧桂园生态城、二环路等一批海绵示范项目,为守护"一江清水向东流"作出了重要贡献。

城市发展,绿色打底;城市提质,以人为本。唯有这样,才能为泸州建设新时代区域中心城市提供源源动力。近年来,泸州坚持以人民为中心的发展思想,构筑纵向到底、横向到边、共建共治共享的社区治理新格局,通过对老旧小区在市政配套、居住功能、安全使用等方面存在的问题进行梳理,对症下药、创新创造,进行改造,极大改善了居民的居住条件,有力提升了人民群众的获得感、幸福感和安全感。2019—2021年,泸州共实施城镇老旧小区改造项目265个,楼栋1893幢,涉及居民约5万户,并由此形成了棚改工作"三结合"经验。

一方面不断提升城镇老旧小区品质,另一方面泸州也在不断规划新区域建设,提升城市整体品质。两江新城作为泸州市战略发展的主要版图,将围绕城市建设主战场发展定位,着力构建成为国家新型城镇化示范区、国家公园城市样板区,打造成渝地区高品质宜居新城。目前,两江新城已完成控规优化提升,长湿新城(邻玉片区)城市设计及湿地公园景观方案设计、泸州柏木溪公园景观方案设计、泸州和丰场历史文化街区改造设计等项目陆续出炉。下一步,两江新城还将依托医疗、教育、体育等优势,打造全面践行新发展理念的创新发展示范区。

未来已来,泸州城乡建设更有质感,城乡人民群众的获得感、幸福感持续提升,一幅生态、文明、美丽、幸福的新画卷正在酒城大地徐徐展开。

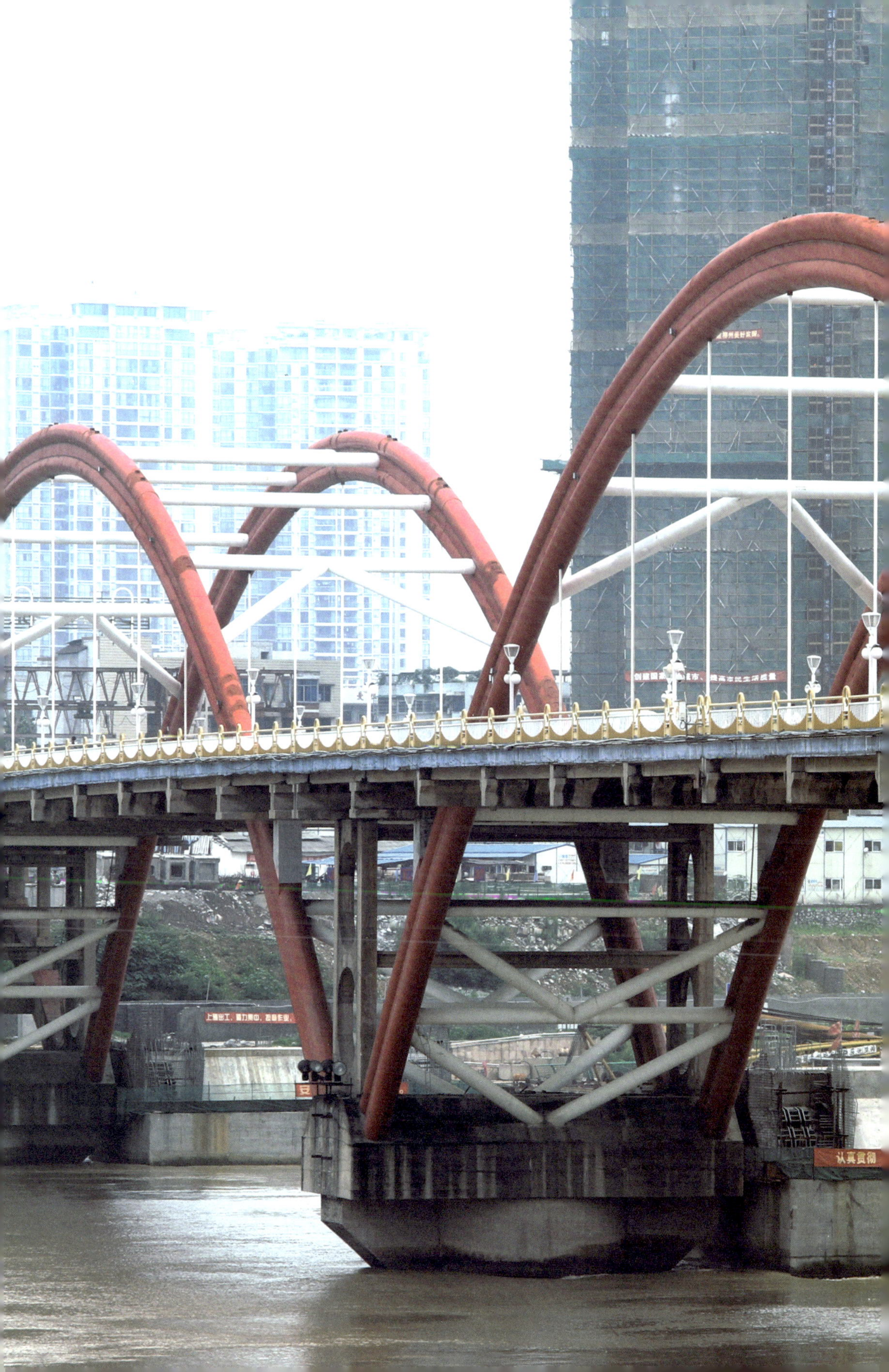
认真贯彻

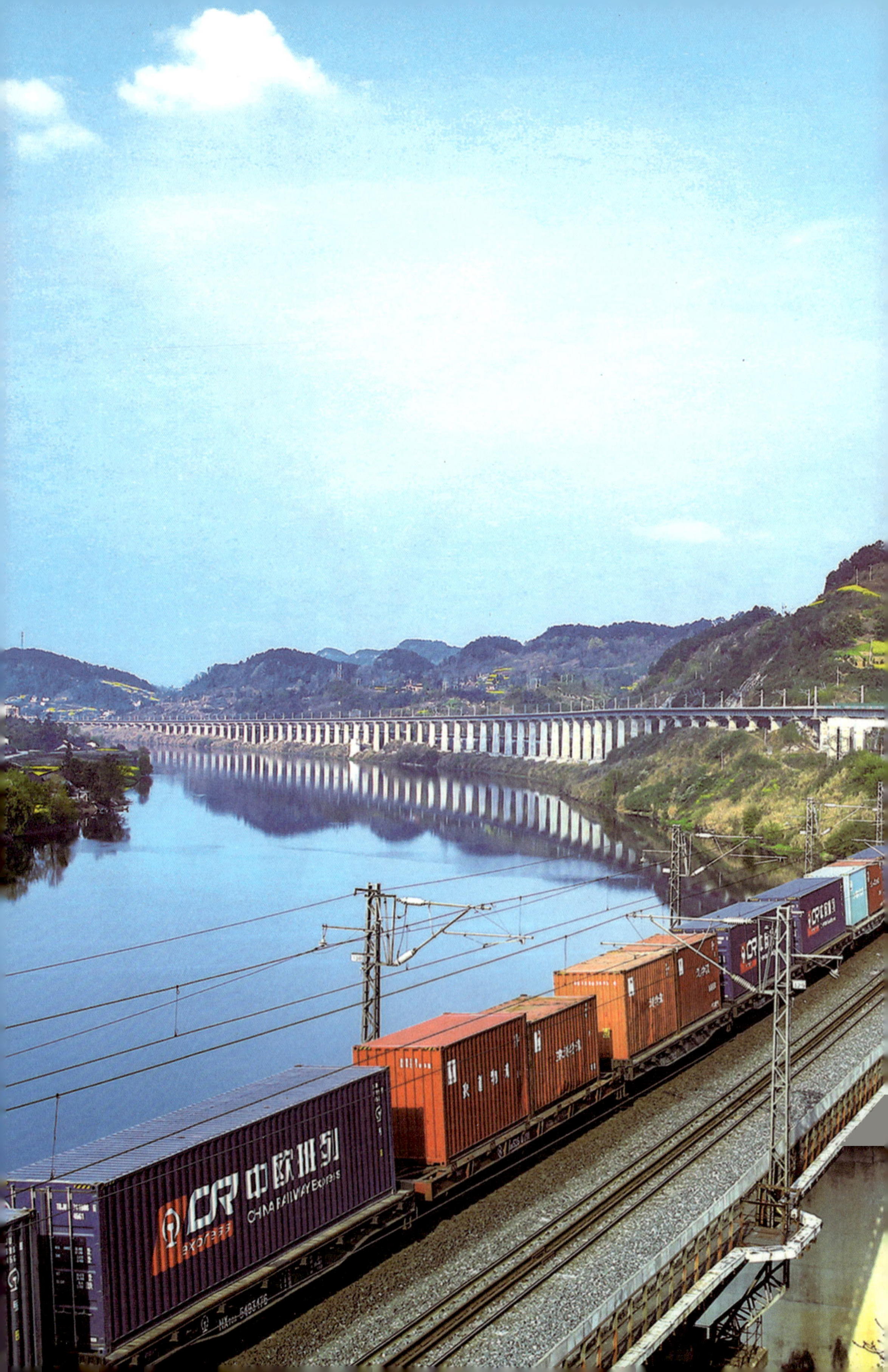

中欧班列
CHINA RAILWAY Express

第九章

老工业城市的凤凰涅槃
——达州故事

  达州，古称通州，历来是人口众多、农业发达之地，也是四川著名的革命老区。随着新中国"三线"建设等政策在达州落地，逐渐奠定了达州交通枢纽的地位。改革开放以来，随着天然气等资源的发现和开发，达州成为国家"川气东送"的起点，造就了"中国气都"的美誉。达州曾因工业而辉煌，但在时代的洪流中逐渐衰退下滑。进入新时代以来，达州举全市之力振兴工业，曾经的"黑老粗"转型为先进的智慧工厂、智能制造，一个崭新的达州正在加速崛起。企业形象美、园区格局美，老工业基地驶入了高质量发展、绿色发展的"新赛道"，也见证了老工业城市达州阵痛之后的重生。

沃野天府

一、东北向的开放大通道

达州地处大巴山南麓,向东可连通武汉,向北可通路"关中—天水"一线,向西南通路成渝,是长三角—成渝主轴、西部陆海新通道、大陆桥走廊等国家战略通道的节点城市,也是四川东向开放的门户和通江达海的东通道。

(一)区域大枢纽:东出北上,四通八达

自改革开放以来,达州历届党委政府都大力推进交通枢纽建设,那个曾经通行艰难的蜀道现已人畅其行、货畅其流,铁路、公路、航空已延伸至四面八方。

铁路是跨越大巴山的动脉,是连接全国各地的桥梁。辖区内现有达成铁路(1997年建成通车,设计时速200千米)、襄渝铁路(1979年建成通车,设计时速160千米)、达万铁路(2004年建成通车,设计时速120千米)、达巴铁路(2016年建成通车,设计时速120千米)4条普速铁路。正是这4条铁路在达州交会,奠定了达州在普速时代的铁路枢纽地位。随着高铁时代的到来,达州铁路建设焕发出新的生机。四川省在建时速350千米以上的高铁有3条,即成达万高铁、西达渝高铁、成渝中线高铁,其中成达万高铁、西达渝高铁途经达州。成达万高铁在达州设渠县北、达州南、开江南3个车站,西达渝高铁在达州设

第九章　老工业城市的凤凰涅槃——达州故事

山路不止十八弯（达州市交通局供图）

大竹、达州南、宣汉南、樊哙 4 个站点。

在国家中长期铁路网"八纵八横"高铁主通道中，西达渝高铁是（北）京昆（明）通道、包（头）银（川）海（口）通道的重要组成部分；成达万高铁是沿江通道的重要组成部分。成达万和西达渝高铁建成后，达州将成为国家"八纵八横"高铁网的重要枢纽。

纵横交错的高速公路，搭建了城市运行的骨架。因地形地貌复杂、建设难度大、成本高，直到 2004 年 6 月 20 日，达州的首条高速公路（达渝）才全线贯通，这让深处大巴山的人们感受到了交通的便利。目前，达州建成通

沃野天府

车的有达陕、达巴、达万、南大梁、巴万、营达 7 条高速，通车里程达 547 千米。正在建设的有镇广、开梁、达州绕城高速西段 3 条，城宣渝、通宣开、城万、大垫也已纳入规划，全部建成后将形成"一环三纵六横二支"的高速公路网格局。

通江达海辟航线，浪漫星河逐梦想。从新中国成立前战火硝烟年代仅一架次运输机起降，到河市机场的 3 次扩建，再到今天达州新机场（达州金垭机场）全面投入使用，达州的机场建设已然成为祖国繁荣昌盛的一个缩影。目前，金垭机场已开通北京、深圳、珠海、广州、上海、泉州、成都（天府、双流）、

达州金垭机场（达州市交通局供图）

第九章　老工业城市的凤凰涅槃——达州故事

郑州、贵阳等 37 个城市共计 37 条航线，并将继续扩大航线规模。建机场、促开放、助发展成为巴渠儿女的发展共识，"千里京都一日还"已成为现实。

（二）对内大循环：山环水绕，五桥六路

达州境内大巴山、铜锣山、明月山、华蓥山由北而南、纵卧其间，渠江、巴河、州河、任河横贯全境，可谓青山横郭，绿水绕城。但这也制约了人们的交流、城市的发展。因此，达州才几十年如一日，不遗余力地推进城市交通建设，确保城市区域间的通达，造就了"五桥六路"的壮举。

机场大道（达州日报社供图）

达州市的"五桥六路"

五桥	六路
金南大桥是达州主城区交通框架"三横五纵"的中线,起点接达州西城金龙大道,大大缩短了西城与南城的距离,完成了多中心、环状组团式城市空间的布局	元九大道是复兴片区与西外片区之间形成有效连接的重要通道,东起凤北的高家坝路经凤凰山隧道向西延伸,跨越莲花湖泄洪道后与环城路相交,大大缩短了达州城东北与城西的通行时间
野茅溪大桥是连接通川区野茅溪与达川区三里坪的重要通道,也是中心城区州河之上又一重要桥梁,进一步拉近了老城区与南城的距离	三号干道是达州高新区连接主城区的主要快速通道,位于南城中央公园小区至达州高新区七河路,将南城与高新区连成一片,也进一步延伸了南城的基本骨架
罗江大桥是连接柳家坝城市新区与通川区罗江镇的通道,使环城产业大道得以向东延伸,将州河两岸的城市新区连为一体	金南大道是南城到西城的快速通道,带动了翠屏山片区地理区位的重大变化,东起南城西环路与华蜀路交会路口,西经金南大桥连通西城
	河市大道是马踏洞片区连接营达高速的又一条交通干道,东起环城路,由东向西横穿秦巴物流园区,经达州保税物流、达州建筑产业园,止于营达高速河市互通
徐家坝大桥是连接职教园区与徐家坝片区的重要通道,也是达宣快速通道控制性工程之一,位于通川区北外徐家坝达州职业技术学院北侧	机场大道是主城区至金垭机场的快速通道,起点接金龙立交后向南跨过铜钵河,与达营高速、达州南站互通,使达州城市骨架得以进一步向南拉伸
中坝大桥是连接马踏洞新区与达州高新区长田新区的重要通道,将南城三里坪-杨柳片区、高新区长田片区和西城马踏洞-秦巴物流园片区串联成片,形成了一个整体	环城公路是达州市连接达州西与达州南的快速通道,北起魏蒲产业新城,经通川区东岳、复兴、高新区河市黄家坝、七河路口至木瓜铺达州南站接达渝高速公路

"城市现代化,交通要先行。"为进军交通强国的光荣梦想,完成出川通道的特殊使命,近年来,成达万高铁战歌飞扬,西达渝高铁旌旗猎猎,达州西进东出、北上南下"十"字形高铁枢纽强势奠定。开梁、镇广、达州绕城高速全速推进,大垫高速开工,达开快速通道加快建设,18条国省干道全线作业。渠江风洞子航运工程涉水主体工程开建,渠江达州至广安段航运建设开始施工,平安渡运建设项目已成功建造新能源船舶。金垭机场气势如虹,37条航线架起

通往八方的空中走廊，曾经"岭外音书绝"，现已"诗和远方近在咫尺，星辰大海触手可及"。

（三）对外大流通：商贸重镇，流通中心

达州自古就是秦巴地区商埠重镇，历代为秦巴地区物资集散地。作为秦巴地区最大的人口和物质集散地，现在是国家布局的国家物流枢纽承载城市。近年来，依托内联外畅的公铁水空交通网络，聚力畅达通道，在全国率先试行多式联运"一单制"服务，相继开通经万州入江出海的四川东出铁水联运班列、经防城港至东南亚的"普货＋冷链"班列、经青白江至欧洲的中欧班列达州专列，开通"达州—重庆／广州／深圳／惠州／东莞"电子信息产品公路物流专线。

秦巴物流园区（达州市人民政府门户网站）

达州市主要商贸物流园区

秦巴物流园区是国家级示范物流园区、商贸服务型国家物流枢纽承载城市核心平台。配套有达州保税物流中心（B型）、中国西部物流谷、中国供销西南冷链物流基地、铁路集装箱作业基地、铁路开放口岸、国际多式联运中心、跨境商品展销中心、国际邮件跨境分拨中心、万达开统筹发展物流大数据中心等	达川商贸物流园区是四川首批现代服务业商贸流通集聚区，位于南城与达州高新区之间，主要提供汽车贸易、家居建材、五金机电、医药贸易、服装皮革的展销和服务
	源美冷链物流集农产品加工、流通、研发、检测于一体，配套有仓储、配送、检疫检测、食品研发、电子商务等功能，园区内有西南地区规模最大的农产品加工体验馆，川东北单体容量最大的农产品冷冻仓储中心
达州经开区物流园是达州生产性服务业现代物流集散枢纽平台，集仓储、中转、配送、联运于一体，主要依托经开区化工产业集群及公路物流港平台的优势，提供能源、化工、钢铁、机械、硫黄、再生资源等物资的物流服务	复兴现代商贸物流园区是川东北最大的商贸物流区，商贸特色服务覆盖整个秦巴地区，园区承载能源汽贸、文化旅游、快递电商等系列服务
	大竹商贸物流园位于大竹县白塔街道，主要从事经营建材、汽车和小商品的物流、仓储、交易与配送，集总部商务、休闲、文化、功能、生活等功能于一身
万源秦巴商贸物流园主要是农副产品、家居建材、小商品、药品、汽车零配件、钢材的交易和配送，以服务城乡生活消费物流为主，是秦巴地区中心区域城乡消费集中配送的重要物流节点	渠北公路物流港是集农产品仓储、智联仓储、冷链仓储集配中心、医药器械储备、展销中心为主的大型综合性商贸物流园区，同时提供加油、信息、物流和金融服务

物流兴则产业兴，产业兴则城市兴。近年来，达州高度重视现代物流业发展，积极构建海陆空联运网络，以通道带物流、物流带贸易、贸易带产业、产业带城市，形成了追赶超越的强劲动能。为营造良好的环境，达州专门开辟了生产物资公铁水联运绿色物流通道，开通了"达州—成都/重庆/深圳"物流专线，助推达州制造业降本增息；持续深化"放管服"改革，力促市场交易、服务体系和监督管理创新，最大限度放宽市场准入。从东到西、从南向北，从农村到城市、从内陆到沿海，达州现代物流正朝着更大更优更强的目标迈进。

二、从"资源产出地"到"产业崛起地"

达州是资源富集地,已探明天然气储量7200亿立方米,年产量超100亿立方米。普光气田作为全国三大气田之一,是"川气东送"工程的起点。但多年以来,都是直接以资源产出,并没有在资源的基础上建立起完整的产业链。近年来,达州又发现丰富的钾盐资源,已探明钾盐资源储量近1500万立方米,经济价值预计超过3万亿元。为了更好地推动资源的就地转化,四川省委赋予达州"一区一枢纽一中心"的战略定位,其中的"一区"就是加快建设万达开天然气锂钾综合利用集聚区。这样的战略定位,充分说明达州具有丰富的资源优势和广阔的开发利用前景。达州也将立足天然气、锂钾、能源、森林等优势资源,加快推动从"资源产出地"向"产业崛起地"跃升。

(一)聚焦资源勘探,推动增储扩产

中共四川省委十一届十次全会提出,推进川东北重点气田建设,加大宣汉天然气勘探开发力度,支持革命老区天然气勘探开发利用;加快川东北锂钾资源勘探开发。《达州市矿产资源总体规划(2021—2025年)》要求,加大页岩气、天然气、地热等矿种的勘查投入,加快结构性调整步伐,加强油气、页岩

气、天然气水合物等资源调查与评价，加强与新型工业化密切相关的战略性矿产资源调查评价。2024年6月，达州市委五届八次全会通过《中共达州市委关于以"四大"资源开发利用为着力重点加快培育新质生产力推进高质量发展的决定》，聚焦天然气、锂钾、能源和森林等四大资源高效开发利用，加快培育新质生产力。

达州将勘查重点放在天然气、煤层气、页岩气等矿产上，主要采取由政府主导和市场运作相结合的方式，充分发挥政府的宏观调控和主导作用，积极推行市场化管理，实现探矿权和勘查成果的市场化配置，选择部分资源潜力大、找矿前景好的重点靶区，集中资金、组建优势勘查队伍重点公关，实现地质找矿工作重大突破。

下一步还将大力推进绿色勘查，加强页岩气、煤层气等矿产勘查，加强新型城镇化和重大基础设施建设所需矿产（玄武岩、陶瓷、玻璃）的勘查。推动市场制约型和资源短缺型矿产的勘查增储，保障全市资源安全和区域发展的有效供给。

除了持续加大勘探力度外，更要积极开发增储上产。2022年全年生产商品气100亿立方米，占四川全省总量的20%以上。2023年1月6日，总投资55亿元的渡口河—七里北气田在达州市宣汉县正式启动建设，建成后年产天然气10亿立方米；同年5月底，中石油铁山坡气田顺利投产，年新增天然气13亿立方米。2023年全市年产气达110亿立方米。下一步，达州将推动集聚区集成发展态势，力争到2025年天然气、锂钾产值突破1000亿元，占规模以上工业比重达到25%以上。

（二）聚焦科技创新，做好资源利用

天然气锂钾资源是大自然赐予达州的宝贵财富，也是达州产业迈向高质量发展的重要依托。近年来,达州深入落实资源开发利用与科技创新深度融合,坚持资源开发自主创新和技术引进"两条腿"走路。一是积极培育天然气资源利用的本地产业主体与高校、科研院所深化"产学研用"长期合作;二是引进锂钾资源开发有影响力的龙头企业来达州建厂、建基地。以此突破传统产业转型升级的科技创新问题、新兴产业缺乏关键核心技术问题、产业链创新链不相融合问题。

近年来,达州为了更好开发利用天然气、锂钾、纤维材料资源,先后挂牌成立了南玻院西南分院、郑绵平院士工作站、新型杂卤石钾盐矿科研基地、锂钾综合开发实验室、深部海相卤水和新型杂卤石钾盐矿综合利用工程技术研究中心、达州市锂钾资源开发工程技术研究中心等科技创新机构。

支持行业龙头企业、链主企业来达州布局建设产业研究院、工程技术中心、新型工业技术研发机构等创新平台。依托达州高新区、达州东部经开区等载体,建成了国家天然气产业计量测试中心、国家绿色低碳产品检验检测集聚区。赣锋锂业卤水提锂项目已完成2口井钻探和放水试验,恒成集团、汉威公司进入锂钾资源分离提取中试阶段,已成功提取出氯化钾、工业级碳酸锂、氯化钠。

达州宣汉的普光气田(达州日报社供图)

在此基础上，还大力推进"数字达州"建设，扩大企业上云规模和应用深度，提高产业链协同水平，推动天然气、锂钾资源综合开发产业"智改数转"，实现数字经济与其他产业的深度融合。同时，大力实施天然气、锂钾资源开发品牌建设战略，不断提升达州天然气、锂钾资源的绿色低碳水平。

（三）聚焦延链补链，培育现代产业

达州背靠富集的天然气资源，在能源化工产业方面已有良好基础。目前，汇鑫能源、瓮福达州、香港久源等企业发展态势强劲，还带动了一大批上下游产业链的发展。隶属于达钢的达兴能源，立足服务自身能源要求，在钢铁能源供应方面具有坚实基础。目前，达州每年合成氨40万吨、尿素45万吨、二甲醚20万吨，水溶肥、食品级磷酸盐也发展迅速，为进一步推进能源化工产业强链

天宝集团自动化生产车间（达州日报社供图）

补链延链奠定了基础。

下一步，达州将立足资源优势做好天然气锂钾综合开发利用这篇大文章，延伸天然气精细化工、锂钾综合开发、磷硫化工等产业链条，积极布局化工新材料、动力电池、储能电池制造等新兴产业。全市上下正不断强化项目、企业、园区三大支撑，细化服务确保企业满产达产，加快推动储配煤基地、铁路专用线等建设，持续完善园区配套服务和提升承载能力。随着浙江正凯、江西赣锋、广东美联等企业在达州落地，达州从"资源产出地"向"产业崛起地"的转变将进一步加速。

总投资132亿元的方大达钢"搬迁升级项目"已取得阶段性的重大胜利；总投资230亿元的浙江正凯"年产120万吨乙二醇项目"正在全力推进；总投资100亿元的赣锋锂业"高纯锂盐及退役电池综合回收利用项目"已投入生产；总投资170亿元的蜂巢能源"达州锂电零碳产业园项目"已投产；总投资100亿元的广东美联"新能源及高分子材料产业化项目"正在抓紧开展前期工作。

沃野天府

三、摘掉穷帽子，踏上幸福路

作为盆周山区的达州，人口众多，人地矛盾较为突出，加之洪水、山体滑坡等自然灾害频发，给农业生产和农民生活带来了巨大的困难。面对不利的自然环境，达州人民以"逢山开路、遇水架桥"的勇气开展精准扶贫，摘掉了落后的"穷帽子"，过上了梦寐以求的幸福生活。

（一）穷山沟，旧貌换新颜

深山红叶泛起，耳畔鹿鸣呦呦。秦巴山区腹地的崇山峻岭间，散落着很多偏僻的山村，尤其是渠县、万源、宣汉等地的山村，虽有绝世风景，但山高路陡、生态脆弱、灾害频发，满山翠绿却养不起一方人，是典型的"穷山沟"。作为百万人口大县的渠县，曾经百姓的主食就是稀饭，是出了名的"稀饭县"，渠县的状况是达州过去经济不发达的一个缩影。县（市、区）中，宣汉县、万源市是国家扶贫开发重点工作县（市），通川区、达川区、渠县、大竹县、开江县为省定贫困县（区），辖区有贫困村828个、贫困人口71.6万人，贫困发生率为13.16%。为改变落后的面貌，在习近平总书记精准扶贫思想的指引下，各级党委、政府立下了"军令状"，党员干部带领群众开展了一场与贫困作斗争的伟大战役。

"路虽远行则将至，事虽难做则必成。"在精准扶贫中，聚焦贫困人口的"两不愁、三保障",实施基础设施建设、产业发展、社会保障三大攻坚战,不断推动贫困人口的生活生产方式变革。实施"厕所革命",加强资源整合,建立健全"5+2"帮扶工作机制,开展"万村帮万企"行动,并按照"一村一法律顾问、一村一农信员"实现全覆盖配备,为贫困户撑起了"保障伞"。在各方的共同努力下,全市贫困人口如期脱贫,并同步全面小康,农村面貌焕然一新,发展步入新阶段。

为巩固拓展脱贫攻坚成果同乡村振兴有效衔接,达州各级党组织按照习近平总书记"在推进乡村振兴上全面发力"的重要指示精神,不断推进农业现代化。突出科技引领、链式效应和规模效益,牵住培育农业产业化龙头企业的"牛鼻子",构建高科技含量、厚植生态底色、高收益覆盖的优质农业产业链。培育了东柳醪糟、灯影牛肉、巴山雀舌、天王牧业等一大批农业产业化龙头企业,打造了宣汉县肉牛现代农业园区、开江县稻渔现代农业园区、大竹县粮油现代农业园区、通川区蓝莓现代农业园区等四川省星级农业产业园区,开江县任市镇、宣汉县南坝镇、大竹县石河镇成为四川省"省级百强中心镇"。坚

开江菜籽油田(达州日报社供图)

持系统治理、分类推进、销号管理，深入实施保耕、共耕、统耕、助耕、督耕，大力治理土地撂荒、建设高标准农田，打好遏制耕地"非农化""非粮化"保卫战。2023年达州粮食产量达到68.9亿斤，连续11年稳居四川首位。深入挖掘独特的地理优势形成农业资源的"富矿"，不断提升达川米城大米、通川灯影牛肉、万源旧院黑鸡、渠县黄花、大竹白茶、开江豆笋等一大批具有地域特色的地理标志保护农产品的品牌竞争力，孵化孕育了"巴山食荟"公用农产品品牌。抓牢种子这一粮食高产丰收的"芯片"，借助专家力量，科研院所（院士工作站）推动杂交水稻育种、马铃薯种苗等项目，98%以上的主要农作物实现了良种覆盖，为构建多元化食物供给体系贡献了达州力量。

（二）小乡村，文旅助脱贫

柳花深巷午鸡声，桑叶尖新绿未成。产业兴则农民富，对于拥有好山好水的大巴山村民来说，发展乡村旅游成为脱贫奔小康的重要抓手。受大巴山脉独特地形地貌的影响，达州农村居民"散落"在各个山间的平坝，形成了独特的风景带和文化带，成为发展乡村文化旅游产业的先决条件。

授人以鱼不如授人以渔。只要"脑袋"富了，"口袋"富就不会远了，一些非遗民俗项目的传承发展起了改变农村面貌的"翘板"作用。元九登高、刘氏竹编、安仁板凳龙、巴山背二哥、川东土家族薅草锣鼓等非遗项目既丰富了人们的精神世界，也成为助力贫困户脱贫致富的一把"金钥匙"，渠县的刘氏竹编就是其中耀眼的"明珠"。秉承让文化"活化"、让手艺"养人"的理念，在刘氏竹编非遗传承人的带领下，对乡村周边的低收入困难家庭、残障人士、留守妇女等群体开展竹编工艺非遗项目培训和电子商务研学培训，改变非遗传承和生产经营模式，并成立了竹编非遗工坊，成为非遗助力农村人才培养的重要平台。渠县刘氏竹编还被列入国家传统工艺振兴目录，先后通过收徒、培训等方式培养竹编艺人 1500 余人，有力地提升了农民的收入水平。

达州部分非遗项目

非遗级别	代表项目
国家级	渠县刘氏竹编、龙舞（安仁板凳龙）、三汇彩亭会、川东土家族薅草锣鼓
省级	大竹竹唢呐、土家余门拳、马渡山歌、甘棠耍火龙
市级	大竹根雕技艺、何氏剪纸、王家糖画
县级	张氏木雕、泥塑、宣汉宫扇

同时，达州市依托巴渠田园风光、乡土农事、乡风民俗、特色美食、节庆仪式等，不断激发游客的乡愁记忆，挖掘巴文化、红色文化、民俗文化、生态文化等资源，围绕建成"行在大三峡、游在大巴山、醉在大氧吧"的文化旅游中心，丰富"人－文化－自然"共同体内涵，不断提升美丽乡村建设的经营性和共享性水平，推进重点景区的特色村从"宜居"向"宜业宜游"转变。巴山

土家儿女在巴山大峡谷跳"钱棍舞"迎接客人（达州日报社供图）

大峡谷、五峰山森林公园、龙潭河、八台山等一批国内外知名景区成为旅游者向往的乡村观光休闲旅游目的地，将宣汉县、万源市创建为四川省"天府旅游名县"。在2022年的"中国农民丰收节"活动中，达州作为10个城市之一向全国展现了农业丰收场景，大巴山国际旅游度假区建设成效明显，向世人展示了"巴风寶韵·水墨达州"文旅品牌的知名度和产品美誉度。其中，巴山大峡谷自接待游客以来，带动了周边9万多贫困群众脱贫，2022年接待游客156.8万人次，有效提升了群众的致富能力，昔日的小山村端上了旅游的"金饭碗"。

（三）大山村，搬迁能致富

俗话说，"树挪死、人挪活"，对于一些大山中的村落来说，易地搬迁就成了改善千百年达州农村的落后面貌、脱贫致富的重要手段。在易地搬迁过程中，达州突出精准施策，深入各村实地查看安全隐患、评估生产资源和配套设施，对申请、评议、公示、审核、审定等程序逐一严格把关，确保易地搬迁对象的精准性。情况摸清之后科学施策成为取得成效的关键。达州立足山地多、平地少的现状，坚持系统谋划、分类实施的原则，秉承规模适中、点面结合、田园生态、宜居宜业的理念，在聚居点规划设计选址上有效衔接产业发展、乡村振兴，力求通过易地搬迁达到"搬"出新产业、新气象的目标。

达州"十三五"期间易地扶贫搬迁安置情况

项目	安置点（个）	搬迁安置（户）	搬迁安置（人）
6户及以上	646	12269	37465
200人以下（小型）	629	10712	32391
200人到800人（中型）	18	1557	5074

搬迁之后,该如何让农民"稳得住、发展好、能致富",又成了必须解决的问题。为延续搬迁后发展的动力,大竹县在易地搬迁中坚持易地搬迁安置点与乡镇、优质产业(产业园区)靠近,推动点镇、点园、点业融合,形成的"双靠近、三融合"扶贫开发经验,获国务院办公厅通报表扬。万源市发布了《万源市"十三五"易地扶贫搬迁实施方案(2016—2020)》,通过重点结合特色生态资源、农业资源,发展特色农产品种植和乡村旅游业,全方位提升了生活品质,"十三五"期间实施搬迁9757户、31495人。渠县创新实施"五个三工作法",重视规划、程序源头管理,强化基础设施、公共服务、环保措施等多元配套,以产业带动鼓励就业创业,推动多元共治,孕育了崇尚奋斗的良好社会风气,打造了渠南镇大山村"全国乡村治理示范村"等易地搬迁治理典型样板。此外,宣汉县易地搬迁扶贫的做法在全国易地扶贫搬迁论坛会上交流,大竹县、

渠县渠南乡大山村易地扶贫搬迁集中安置点(达州日报社供图)

渠县成为全国易地扶贫搬迁现场会现场点。经过几年的不懈努力，搬迁群众的住所从"上雨旁风，无所盖障"变成"恬静安逸，冬暖夏凉"，村庄道路从"道路崎岖"变成"道路宽广"，农民对自己的生活充满期望，真正实现了"挪出穷窝、斩断穷根"，"甩掉贫困帽、踏上致富路"。

阶段性胜利取得易，成果巩固难。在全国巩固脱贫攻坚成果与乡村振兴有效衔接的政策引领下，达州强化项目带动，实施"一村一项目"，大力推动农村集体经济高质量发展。2022年，达州市1662个村推介特色项目超过1700个，超过1500个项目落地见效，作为全国20个市县之一，被国务院办公厅表彰为"促进乡村振兴重点工作成效明显激励市"，给予5000万元督查激励。

四、"川"越时空的记忆

坚定文化自信,推动中华优秀传统文化的创造性转化、创新性发展是以中国式现代化全面推进中华民族伟大复兴的应有之义。作为巴文化发祥地和巴文明起源地之一的达州市,被巴文化长期浸润着,一座座历史遗存的保护开发,一个个动人故事的宣传传播,既给这座城市增添了厚重的色彩,也为这座城市的现代化建设注入了新的活力。

(一)巴蜀之"巴",巴人故里

中华文明浩如烟海、博大精深,作为中华文化重要的组成部分,巴蜀文化历史悠久、蔚为壮观。四川盆地是巴蜀文明的中心,其中的巴文化,起源可追溯到上古,源远流长,是中华优秀传统文化重要的组成部分。关于巴人的起源主要有"大皞"(伏羲氏)、"人皇"两种说法。《山海经》中这样写道:"西南有巴国。大皞生咸鸟,咸鸟生乘厘,乘厘生后照,后照是始为巴人。"而《华阳国志·巴志》中则这样记载"人皇始出,继地皇之后,兄弟九人,分理九州,为九囿,人皇居中州,制八辅。华阳之壤,梁、岷之域,是其一囿,囿中之国,则巴、蜀矣"。溯源上古,巴人始居于汉水、嘉陵江、渠江等流域,穿梭在山涧沟壑、云雾丛林中,造就了巴人坚韧、刚毅的性格,忠、勇、信、义成为其

沃野天府

独特气质的标识符。巴文化春秋战国进入鼎盛，与古蜀文明交相辉映，塑造了独具魅力、光彩夺目的巴蜀文化。达州隶属巴地，后属巴郡。巴国曾与楚国多次交战，巴国战败，部分巴人迁至达州，与当地"賨人"融合。公元前316年，秦灭巴国，先后设宕渠县、宕渠郡，巴渠文化传承繁衍至今。

以文追史，巴文化似乎相距甚远；跨越时空，传承创新是延续历史文脉的重要路径。为传承发展巴文化，建设文化强市，2016年，达州市委、市政府提出建设巴文化高地，2018年出台了"1+3"工作方案，从考古发掘、学术研究、成果展示等方面进行细化落实，达州市委四届六次全会作出了深度挖掘和展示巴文化，同步发展文化事业和文化产业，加快建设文化强市的决定。

考古寻"根"，传承铸"魂"。习近平总书记强调，文物承载灿烂文明，传承历史文化，维系民族精神。达州积极与国家文物局、四川省文物考古研究院衔接，进行考古挖掘，罗家坝遗址、城坝遗址被列入国家"十三五"大遗址项

罗家坝遗址博物馆（达州日报社供图）

目库，城坝遗址获全国"田野考古奖"一等奖，出土了大量魏晋时期的文物。为推动巴文化的创造性转化，达州市出台《达州市巴文化遗址保护条例》，建成罗家坝遗址博物馆。为推动巴文化研究，成立了专门研究、推广、传承巴文化的正县级机构——巴文化研究院，与市内外研究机构合作，推动尽快建立全国巴文化"文献高地"。2020年，由四川省、重庆市、陕西省的达州市、万州区、汉中市等14地组成的"大三峡·大巴山"文旅发展联盟成立，打造了6条主题精品旅游线路，涵盖了80个知名景区，不断实现在资源开发、项目建设、客源市场培育等方面强强联合，一系列精品项目、一条条精品旅游路线、一个个精品旅游景区，为推动巴文化传承创新和高质量发展注入了新的活力。

（二）红色达州，红色故土

满山翠绿尽染红，将士忠魂伴青山。达州是一座被红色血脉浸染的城市，红色是达州最鲜明的"底色"。鸦片战争给中国人民带来了深重的灾难，之后的军阀混战更是给百姓困苦的生活雪上加霜，作为川东北的门户——达州也未能幸免。据相关史料记载，19世纪初，盘踞在达州的军阀就有数十个，在苛捐杂税、高利贷等手段的层层盘剥下，达州民不聊生，当时的川东民谣这样唱"军阀梳子梳，豪绅篦子篦，甲长排头刀子剃，收款委员来剥皮"。悲惨的现状激发了达州人的觉醒。随着俄国十月革命之后马克思主义的传播，达州的有志青年开始探求救国救民的道路，王维舟在这时走出大巴山，并于1920年在上海加入朝鲜共产党旅华组织。毛泽东同志说："王维舟同志是中国共产党最早的共产党员之一，还没有成立中国共产党，他就是共产党员了。"1923年，回到宣汉的王维舟创建了川东北第一个共产主义小组——清溪共产主义小组，达州各地的中共党组织也相继成立，固军坝起义、虎南暴动等武装斗争点燃了革命的熊熊烈火，在此基础上建立的川东游击军，为川陕革命根据地的建立奠定了坚

沃野天府

实的基础。

红四方面军在第四次"反围剿"失败后，迫于压力实施了战略转移，撤到陕南之后，因自然环境、军事压力等不利因素叠加，在 1932 年 12 月 18 日，红四方面军从通江两河口入川，开启了创建川陕革命根据地的新征程。在反"三路围攻""三次进攻"战役取得胜利之后，川陕革命根据地迅速发展壮大，面积达 4.2 万平方千米，人口 500 多万人。1933 年 10 月底至 1934 年 9 月中旬，红四方面军进行了艰苦卓绝的"反六路围攻"，川军"官损 5 千、兵 8 万"遭到重创。随后，按照中央的指示，红四方面军在懋功（小金县）与中央红军会师，一起踏上了北上抗日的征程。作为川陕革命根据地主战场的达州，参加红军的达州儿女有 8 万多人，牺牲 2 万多人，支前民工人数达到 70 多万人，在中国革命史上镌刻了浓墨重彩的一笔。

在土地革命战争时期，达州是全国第二大苏区——川陕革命根据地的主战场，红色遗存众多，红三十三军旧址、被誉为"中国红色第一联"的"斧头劈

万源保卫战战史陈列馆（达州日报社供图）

开新世界、镰刀割断旧乾坤"等红色遗址、石刻标语见证了铁马冰河的峥嵘岁月,"智勇坚定、排难创新、团结奋斗、不胜不休"的红四方面军的训词激励着一代代巴渠儿女奋勇前进。近年来,达州充分利用万源保卫战战史陈列馆、达州红军文化陈列馆、列宁街等红色资源,发展红色旅游,助力乡村振兴,革命精神绽放出新的时代光芒。

(三)巴山渠水,巴渠文艺

天高伴日月,水潆浸心扉。正处在我国气候的南北分界线上的达州,独特的亚热带气候条件造就了丰富的自然人文景观,尽显了造物者的神奇。域内山川壮美,风景宜人,钟灵毓秀。唐代诗人李商隐的"君问归期未有期,巴山夜雨涨秋池",用温婉的诗句描写温婉的巴山渠水,明代地理学家徐霞客更赞美达州为"西南奇胜"之地。清代嘉庆年间编纂的《达县志》记载了"铁山晓日"

莲花湖湿地公园(达州日报社供图)

沃野天府

等八景。国家地质公园巴山大峡谷、八台山、"十里画廊"龙潭河、四川省级森林公园黑宝山、国家级自然保护区花萼山等不仅风景秀丽，且负氧离子含量高，是"天然氧吧"，也是巴山渠水的有力"代言"。

仁者乐山，智者乐水。隽秀的山水孕育了朴实的民风，更滋养沧桑厚重的文风。元稹的"曾经沧海难为水，除却巫山不是云"是流传至今的名诗佳句。唐甄"鸡鸣而起，夜分而寝"的精神和其在《潜书》中提出的"民为邦本，富民厚本"的思想仍有时代启示作用。此外，《华阳国志》载道："巴师勇锐，歌舞以凌殷人。"《舆地纪胜》（宋代）同样载道："巴西宕渠，其人勇健好歌舞。"这种"以众为乐，以巨为观""击鼓呼啸，分合有序"，就是流传在达州的"巴渝舞"。巴山大峡谷上演的《梦回巴国》情景史诗剧，通过恢宏的叙事和宏大的仪式感再现了巴师伐纣"前歌后舞"的状态，搭建了远古"巴人"对话的桥梁。此外，宣汉县罗家坝遗址公园、渠县城坝遗址公园、三里坪巴文化主题街区等成为巴文化的"再现地"和知名的"打卡地"。

《梦回巴国》剧照（张平 摄）

改革开放后,快速的经济发展促进了达州的文艺繁荣,涌现出了作家宋小武、诗人梁上泉、画家刘伯骏、书法家庞中华等一大批知名的文艺工作者。谭力创作的《跑马溜溜的山上》《女子特警队》获"飞天奖""金鹰奖"。进入新时代以来,达州深入学习贯彻习近平文化思想,"巴山作家群""巴渠诗群""巴山画派""巴山摄影人"等文化品牌打造初见成效。巴山文艺帐篷轻骑队、新时代巴山挎包宣讲队等让党的创新理论"飞入寻常百姓家"。

后 记

本书由中共四川省委党校（四川行政学院）组织编写，是集体成果。本书的写作得到了中共绵阳市委党校、中共德阳市委党校、中共宜宾市委党校、中共眉山市委党校、中共广元市委党校、中共泸州市委党校、中共达州市委党校、中共阿坝州委党校的支持和协助。

本书由许彦教授任主编，负责框架设计及全书审稿。全书共分为9个章节，编写者如下。序言：许彦；第一章：许彦、王伟；第二章：刘媛、徐迅；第三章：侯刚、杨秋萍；第四章：朱颖秋、殷君霞、蒋敏、何勇、谭静、李佳悦；第五章：周光普、李茵绮；第六章：曾志庆、吴承枢、高玉霜、周敏、王翠、高明月；第七章：王晓青、李芳；第八章：封宇琴、杨薛、隆超、王笑妹；第九章：丁德光、蒲东恩。

本书的出版得到了国家行政学院出版社的大力支持，在此十分感谢出版社领导和编辑作了认真细致的审查编辑工作，将这本书包含的诸多精彩故事呈现给全国关心四川经济社会发展的广大读者。

编者

2024 年 11 月